Romano Guardini
Gebet und Wahrheit

topos taschenbücher, Band 1127
Eine Produktion des Matthias Grünewald Verlags

Romano Guardini

Gebet und Wahrheit

Meditationen über das Vaterunser

topos taschenbücher

Verlagsgemeinschaft topos plus
Butzon & Bercker, Kevelaer
Don Bosco, München
Echter, Würzburg
Matthias Grünewald Verlag, Ostfildern
Paulusverlag, Einsiedeln (Schweiz)
Verlag Friedrich Pustet, Regensburg
Tyrolia, Innsbruck

Eine Initiative der
Verlagsgruppe engagement

www.topos-taschenbuecher.de

Bibliografische Information der Deutschen Nationalbibliothek
Die Deutsche Nationalbibliothek verzeichnet diese Publikation in der Deutschen Nationalbibliografie; detaillierte bibliografische Daten sind im Internet über http://dnb.d-nb.de abrufbar.

ISBN 978-3-8367-1127-2

2019 Verlagsgemeinschaft topos plus, Kevelaer
1. Taschenbuchauflage
Unveränderter Nachdruck: Romano Guardini, Gebet und Wahrheit. Meditationen über das Vaterunser. Romano Guardini Werke. 3. Auflage (unveränderter Nachdruck der 2. Auflage, Würzburg, Werkbund-Verlag, 1963 [1. Auflage 1960])

Umschlagabbildung: Andrei Trentea/Shutterstock.com
Einband- und Reihengestaltung: Finken & Bumiller, Stuttgart
Herstellung: Friedrich Pustet, Regensburg
Printed in Germany

Unitatem quaerentibus
in veritate

Inhalt

„Und vergib uns unsere Schuld, wie auch wir vergeben unseren Schuldigern“

„Und führe uns nicht in Versuchung“

„Sondern erlöse uns von dem Übel“

„Amen“

Vorbemerkung

Das vorliegende Buch hängt mit jenem zusammen, das vor nun schon manchen Jahren erschienen ist und den Titel „Der Herr“ trägt. In diesem fehlt nämlich etwas Wesentliches; denn ein Buch, das über die Person und die Botschaft Jesu spricht, müßte auch von der Antwort handeln, die Er seinen Jüngern gab, als sie von Ihm verlangt hatten, Er möge sie lehren, wie sie in seinem Sinne beten sollten. Das hätte aber nach der Anlage des Ganzen in einem einzigen Kapitel geschehen müssen, und das wollte nicht gelingen. Nun, der hier vorgelegte Band ist das dort fehlende Kapitel – nur daß aus einem einzigen ihrer zweiundzwanzig geworden sind.

Die Auslegung des Herrengebetes hatte ursprünglich die Form von Ansprachen, die beim Universitätsgottesdienst in der St. Ludwigs-Kirche zu München gehalten worden waren, und ist in der Heftreihe „Wahrheit und Ordnung“ (Würzburg 1958–60) so erschienen. Für die Buchausgabe schien es richtiger, sie in die Form der Meditation zu übertragen, in welcher der Lesende dem Gedanken unmittelbarer gegenübersteht.

Der Titel wurde mit Bedacht gewählt. Er will sagen, daß das Gebet nicht aus dem unberechenbar wechselnden Gefühl, sondern aus dem Licht der Wahrheit und der Tiefe des Herzens kommen soll. Vielleicht wäre statt „Wahrheit“ besser „Wirklichkeit“ zu sagen, denn was der Herr verkündet, und worauf Er unser Leben gegründet hat, sind nicht bloße Gedanken und Weisungen, sondern das Reich des Lebendigen

Gottes. Doch mag das Wort „Wahrheit“ mit seiner klaren Schärfe stehen bleiben, aber so gemeint, daß es nicht nur die Gültigkeit der Erkenntnis, sondern auch die Festigkeit des Seins bedeutet.

München, am 28. Mai 1960, der fünfzigsten Wiederkehr meines Ordinationstages R. G.

[Bei der Zählung der Psalmen folgt R. Guardini der Vulgata, d.h. der lateinischen Übersetzung. Zwischen dieser und der hebräischen Bibel und der ihr folgenden Einheitsübersetzung besteht ein Unterschied in der Zählung. Zur leichteren Orientierung geben wir bei jedem Psalm in eckigen Klammern auch die hebräische Zählung an.]

Der Text

Das Gebet des Herrn – oder, wie wir meistens sagen, das Vaterunser – wird uns im Neuen Testament an zwei Stellen überliefert. Einmal von Lukas im elften Kapitel seines Evangeliums. Da heißt es: „Und es geschah an einem Orte, daß Er betete. Als er aufhörte, sagte einer von seinen Jüngern zu Ihm: ‚Herr, lehre uns beten, wie auch Johannes seine Schüler gelehrt hat!' Er aber sagte zu ihnen: ‚Wenn ihr betet, so sprechet:
Vater, geheiligt werde Dein Name.
Es komme Dein Reich.
Unser nötiges [oder: ausreichendes] Brot gib uns täglich.
Und vergib uns unsere Sünden, denn auch wir vergeben jedem, der uns [etwas] schuldet.
Und führe uns nicht in Versuchung.'" (1–4)

So die eine Stelle. Die andere findet sich im sechsten Kapitel des Matthäusevangeliums, in jenem großen Zusammenhang, den wir die „Bergpredigt" nennen. Da heißt es: „Und wenn ihr betet, dann soll es bei euch nicht sein wie bei den Heuchlern. Die verrichten gern ihr Gebet in den Synagogen und an den Straßenecken stehend, um sich den Menschen zu zeigen. Wahrlich, Ich sage euch, sie haben ihren Lohn gehabt! Du aber, wenn du betest, geh in deine Kammer und schließe deine Tür, und bete zu deinem Vater, der im Verborgenen ist, so wird dein Vater, der im Verborgenen sieht, dir vergelten. Wenn ihr aber betet, so sollt ihr nicht plappern wie die Heiden, denn die meinen, sie werden erhört durch ihre Wortmacherei. Werdet ihnen nicht gleich; denn euer Vater im Him-

mel weiß, wessen ihr bedürfet, ehe ihr's von Ihm begehrt. So sollt ihr denn also beten:
Unser Vater, der Du bist in den Himmeln,
Geheiligt werde Dein Name.
Es komme Dein Reich.
Es geschehe Dein Wille, wie im Himmel, so auch auf Erden.
Unser nötiges [oder: ausreichendes] Brot gib uns heute.
Und vergib uns unsere Schuld, wie auch wir vergeben haben unseren Schuldigern.
Und führe uns nicht in Versuchung,
Sondern erlöse uns von dem Bösen [oder: von dem Übel]."
(Mt 9–13)

Wenn wir die beiden Texte lesen, kommt uns wahrscheinlich die Frage, wie sie denn zueinander stehen, da sich zwischen ihnen doch erhebliche Verschiedenheiten zeigen. Darauf hat man manche Antworten gegeben; die überzeugendste scheint folgende zu sein: Wer die Situation der ersten Entstehung zeichnet, ist Lukas. Als Jesus nämlich eines Tages aus einer jener Zurückgezogenheiten des Gebetes, die Er liebte, wieder zurückkam, empfanden seine Jünger die heilige Nähe, die um Ihn war, und verlangten danach, selbst in sie eingelassen zu werden. Dazu kam freilich auch sehr Menschliches. Johannes der Täufer wirkte nämlich noch, und zwischen seinem Jüngerkreis und dem um Jesus ging allerlei Eifersucht hin und her. Wie die letzteren nun erfuhren, Johannes habe die Seinen gelehrt, wie sie beten sollten, wollten sie nicht zurückstehen und drangen in ihren Meister: „Lehre doch auch uns!"

Was aber den Bericht des Matthäusevangeliums anlangt, so ist das Herrengebet dort in jene Zusammenfassung früher

Lehrworte Jesu eingefügt, die wir unter dem Namen der „Bergpredigt" kennen. Sie stehen in scharfem Widerspruch zur veräußerlichten Religionsübung der Zeit; stellen dem Lippenwerk und der Eitelkeit der Heuchler den Ernst des echten Gottesverhältnisses entgegen, und das Vaterunser erscheint als der reinste Ausdruck lauterer Frömmigkeit.

Daß aber der Text in so verschiedener Form überliefert ist, läßt vermuten, Jesus habe den Seinen kein genau formuliertes Gebet gegeben, sondern ihnen gesagt, zu wem sie beten sollten, nämlich zum Vater, den Er ihnen kundgetan hatte. Habe ihnen weiter gesagt, worum sie bitten sollten. Zuerst um das Wichtigste, nämlich das Kommen des Reiches, die Erfüllung von Gottes Willen und die Verherrlichung seines Namens. Darauf um die Dinge, die unmittelbar sie selbst angingen: das tägliche Brot, die Vergebung der Sünden und die Befreiung von der Macht des Bösen. Nach dieser Weisung hätten dann die verschiedenen Gemeinden und Einzelnen ihr Gebet zu gestalten versucht, und so wären verschiedene Textformen entstanden; allmählich aber hätte sich jene Fassung, die Matthäus gibt, durchgesetzt und wäre zum offiziell aufgenommenen „Gebet des Herrn" geworden. Sie wird wohl um die Mitte des Jahrhunderts den allgemein angenommenen Text gebildet haben.

Im Gebrauch der evangelischen Christen folgt nach dem Schluß des Herrengebetes die sogenannte Doxologie. Sie lautet: „denn Dein ist das Reich und die Macht und die Herrlichkeit. Amen."

Dieser Satz ist sehr schön, er findet sich aber im biblischen Text des Vaterunsers nicht. Zum ersten Mal begegnet er uns in der sogenannten „Didache" oder „Lehre der zwölf Apostel", die im letzten Jahrzehnt des ersten Jahrhunderts, also ungefähr gleichzeitig mit den Schriften des Apostels Johannes, entstanden ist. Wir verstehen leicht, wie er sich eingefügt hat, denn im liturgischen Gebrauch der Psalmen findet sich eine Parallele zu dem Vorgang. Wie nämlich ein Psalm auch lauten möge, immer schließt er mit der Doxologie, einer Lobpreisung von Gottes Herrlichkeit, und zwar den Worten: „Ehre sei dem Vater und dem Sohne und dem Heiligen Geiste, wie es war im Anfang, so auch jetzt und alle Zeit und in Ewigkeit. Amen." Der preisende Ausklang wäre dann aus dem gottesdienstlichen Bedürfnis mancher Gemeinden heraus dem eigentlichen Text angefügt worden.

Was bildet nun den Kern dieses Gebetes, das der Herr als einziges den Seinen hinterlassen hat?

Eine Antwort sagt, im Vaterunser rede der Urlaut des religiösen Herzens. Sie wird durch die Einfachheit und Überzeugungskraft nahegelegt, welche dem heiligen Text eignen und klingt sehr einleuchtend; in Wahrheit ist sie aber nicht nur oberflächlich, sondern auch falsch, denn sie kommt aus dem Geist der Aufklärung und ihrer Ansicht von der Natur des Menschen. Sobald man aber diesen nimmt, wie er in Wirklichkeit ist, dann sieht man bald: der Mensch, der außerhalb der Offenbarung lebt und aus seinem unmittelbaren religiösen Gefühl heraus betet, wird es nicht mit den Worten des Vaterunsers tun. Wir brauchen uns nur die religiösen Texte anzusehen, die wir haben, griechische, ägyptische, babylonische und welche sonst, um uns hierüber klar zu werden.

Was das Gebet des Herrn vom „Vater" sagt, der „im Himmel ist", hat mit den Vatergottheiten der Mythen ebensowenig zu tun wie mit dem Allgefühl der Naturfrömmigkeit. Die Väterlichkeit, von welcher da gesprochen wird, ist ein Name für das Erlebnis der Himmelshöhe, des Lichterfüllten, Umfassenden und Überwölbenden; für einen religiösen Eindruck also, der aus der Natur kommt. Oder für das Erlebnis der Ordnung, die alles Seiende durchwaltet, und der Führung, die alles Geschehen lenkt; ein natürlicher Eindruck auch es, den der fromm Sinnende aus dem Gang des Lebens gewinnen mag. Beides groß und schön, gewiß; was aber Jesus meint, ist nicht das.

Der Vater, von dem Er spricht, ist, von der Welt her gesehen, der „unbekannte Gott", von dem niemand weiß, es sei denn, Er selbst nenne sich. Jesus sagt es ja ausdrücklich im Matthäusevangelium: „Niemand ... kennt den Vater als nur der Sohn, und wem es der Sohn will offenbaren" (11,27). Ebenso in den Abschiedsreden bei Johannes: „Niemand kommt zum Vater, es sei denn durch Mich" (14,6). So ist der Angeredete des Gebetes „der Gott und Vater unseres Herrn Jesus Christus" (2 Kor 1,3), sonst niemand und nichts. Kein Allwesen, dem das Herz sich natürlicherweise entgegenweitete. Keine Vatergottheit der Höhe, zu der dann notwendig auch eine der Tiefe, nämlich die „Mutter Erde" gehören würde, und in ihrem Gefolge all die anderen Numina, des Meeres, der Fruchtbarkeit, des Krieges und welche noch ... Zum Vater des Herrengebetes gelangen wir nur an der Hand Jesu Christi. Sobald wir sie loslassen und aus der Unmittelbarkeit unseres Gefühls „Vater" sprechen, zerrinnt alles. Denn der Text, um den es geht, ist Offenbarung; vernehmbar nur aus dem Munde und der Meinung Dessen, der sie gibt. Indem Er uns lehrt, zum „Vater" zu sprechen, sagt Er uns zugleich, wer Dieser ist – Jener, den Jesus meint, wenn Er sagt: „Mein Vater".

So gibt es denn auch auf die Frage, was zutiefst in diesem Gebet rede, eine andere Antwort, die zunächst ebenfalls einleuchtend scheint und sagt, das Vaterunser sei der Ausdruck von Jesu eigener Frömmigkeit.

Darin ist natürlich etwas Wahres. Wer die Sätze des Gebetes in sich wiederklingen läßt, der fühlt, daß in ihnen die gleiche Tiefe und Liebe und das gleiche rückhaltlose Vertrauen reden, wie in allen Worten Jesu. Da ist aber etwas, auf das wir vielleicht noch nicht aufmerksam geworden sind, und das uns stutzen läßt: daß nämlich Jesus selbst und für sich das Vaterunser nicht spricht. Wir müssen uns diese Tatsache nahekommen lassen; wenn wir sie verstehen, wird uns vieles deutlich. Es wird uns öfters berichtet, daß Jesus betet, und einige Male dürfen wir sogar tiefer in dieses Gebet hineinhören. Denken wir etwa an den Bericht des Lukasevangeliums, wie die Jünger, die Er ausgesendet hat, zurückkommen, voll Freude über das, was sie ausgerichtet haben, und es dann heißt: „Da jubelte Er im Heiligen Geiste und sprach: ‚Ich preise Dich, Vater, daß Du es den Weisen und Klugen verborgen, Unmündigen aber geoffenbart hast. Ja, Vater, denn so war es wohlgefällig vor Dir.'" (10,21) Oder an das Gebet in Gethsemane, wo Er mit dem Willen des Vaters ringt, um ihn schließlich ganz in sein Herz hineinzunehmen: „Nicht wie Ich will, sondern wie Du." (Mt 26,39) Oder an das am Kreuz, wo Er in der Einsamkeit der letzten Stunde zum Vater spricht: „Vater, in Deine Hände befehle Ich meinen Geist." (Lk 23,46) In dieses Gebet hat Jesus den Menschen nicht hereingenommen; auch nicht durch die innigen Worte des Vaterunsers. Das bleibt ein Geheimnis zwischen Ihm und dem Vater; und es ist ein Bild für diese Ausschließlichkeit, wenn es einmal heißt: „Er zog sich

künftig noch besser zu berücksichtigen. Dazu beantworten Sie uns bitte folgende Fragen. Als kleines Dankeschön verlosen wir unter allen Einsendern viermal im Jahr ein Buchpaket mit 10 frei auswählbaren Büchern.

Diese Karte habe ich dem Buch entnommen:

____

Ich bin auf dieses Buch aufmerksam geworden durch:

- ❍ Prospekt ______________
- ❍ Anzeige in ______________
- ❍ Buchbesprechung in ______________
- ❍ Empfehlung von Freunden/Bekannten/Kollegen
- ❍ Homepage des Verlags ______________
- ❍ Internet allgemein ______________
- ❍ Buchhandlung ______________
- ❍ Ich habe das Buch geschenkt bekommen

Wie hat Ihnen das Buch gefallen?

❍ sehr gut ❍ gut ❍ mittelmäßig ❍ gar nicht

- ❍ Topos Premium
- ❍ Geschenk
- ❍ Lebenswissen – Lebenssinn
- ❍ Spiritualität
- ❍ Sachbuch
- ❍ Biografien
- ❍ ______________

Zu diesem Thema sollte Topos Taschenbücher ein Buch in sein Programm aufnehmen:

____

Weitere Anmerkungen:

wieder auf den Berg zurück, Er allein, und betete dort." (Joh 6,15)

Gewiß hat Er auch zusammen mit seinen Jüngern gebetet. So wird zum Beispiel vom letzten Abendmahl berichtet: „Nach dem Lobgesang gingen sie hinaus an den Ölberg." (Mt 26,30) Er, der von sich gesagt hat, Ihm zieme es, „alle Gerechtigkeit zu erfüllen" (Mt 3,15), hat mit den Seinen natürlich auch die Gebete gesprochen, die zum Leben der Gemeinschaft gehörten. Mit dem Vaterunser steht es aber anders. In ihm drückt sich das Verhältnis aus, in welchem der bloße Mensch zu Gott steht. Wenn es also den Ausdruck von Jesu eigener Frömmigkeit bildete, dann würde das bedeuten, Er selbst sei nichts anderes als ein Mensch gewesen; und ganz von selbst hätte die Gelegenheit kommen müssen, in der Er den Jüngern gesagt hätte: „Lasset uns zusammen zu unserem Vater gehen und Ihn bitten." Das hat Er aber nie getan. Nie hat Er die Jünger und die Menschen sonst mit sich in seinem Verhältnis zum Vater zusammengenommen.

Stellen wir diese Tatsache in den Zusammenhang, in den sie gehört. Man hat gesagt: Jesus sei Mensch gewesen, wie die Menschen alle; Er habe aber erfahren, was vor Ihm keinem zu Teil geworden sei: das Verhältnis zu Gott, in welchem Dieser dem Menschen die Sünde vergibt, indem Er ihn liebend zu seinem Kinde macht. Zugleich sei Ihm offenbar geworden, dieses Geheimnis stehe allen offen, die glauben würden, denn dafür sei die Zeit – „die Fülle der Zeit" (Gal 4,4) – gekommen. Das habe Er verkündet und alle aufgefordert, mit Ihm zu Dem zu gehen, der jedem Glaubenden Vater sein wolle. Freilich müsse er auch in die gleiche Gesinnung eintreten, die Jesus gehabt habe, und nichts wollen als Gottes Reich. Das sei aber der menschlichen Feigheit zu schwer gewesen; so habe man Ihn in den absoluten Abstand gestellt und, statt mit Ihm zu Gott zu gehen, Ihn selbst zum Gott gemacht; statt mit Ihm zusammen das Gebet zum gemeinsamen Vater zu sprechen, Ihn angebetet... Das klingt sehr ernst, ist aber falsch bis in den Grund. Wohl ist Er „in allem den Brüdern ähnlich" (Hebr 2,17), aber im Geheimnis der Menschwerdung des ewigen Gottessohnes. Wohl sollen wir „Ihm nachfolgen", aber auf einem Weg, der nicht einfachhin den Menschen als solchen offen steht, sondern den Er durch die Tat der Erlösung überhaupt erst gebahnt hat. So ist sein Sohn-Sein und Vater-Sprechen von anderer Art, als das unsere. Ihm gehört es von Wesen, uns ist es geschenkt durch Gnade. Auch hierfür steht im Johannesevangelium das letzte Wort, wenn Er sagt: „Ich gehe hinauf zu meinem Vater und eurem Vater, zu meinem Gott und eurem Gott." (Joh 20,17)

Wenn wir dann genau in den Text des Vaterunsers eindringen und die einzelnen Sätze mit dem vergleichen, was bei Johannes steht: „ihr nennt [als meinen Namen] ‚der Meister' und ‚der Herr' und sprecht richtig damit, denn Ich bin es" (13,13), so sehen wir, daß ihr Inhalt Jesu eigenem Wesen nicht entspricht. Die Bitte, „der Vater möge Ihn nicht in Versuchung führen", hätte in seinem Leben ebensowenig Raum, wie die, Er möge seinen Sohn „vom Bösen erlösen". Jesus ist wohl vom „Geist in die Wüste geführt" worden, auf daß Er „von Satan versucht werde" (Mt 4,1); aber nur, damit sich kund tue, was Er in den Abschiedsreden von der zweiten furchtbareren „Versuchung", nämlich der Leidensepoche sagt: „es kommt der Fürst dieser Welt, aber er hat keinen Anteil an mir." (Joh 14,30)

Jesus hat uns das Vaterunser geschenkt, damit es unser Gebet sei, und wir wollen es sprechen in seinem Geiste und an seiner Hand. Jesu eigenes, persönliches Gebet zum Vater aber bleibt ein Geheimnis, in das wir nicht eindringen – auch nicht, wenn wir sein Gebet sprechen.

Damit ist die Frage beantwortet, die wir gestellt haben, worin Kern und Wesen des Vaterunsers bestehe: es ist das Menschengebet; aber jenes Menschen, der vom ewigen Sohn erlöst und in die Gotteskindschaft aufgenommen worden ist. Wohl wahr und echt einfachhin, Urlaut tiefsten Menschenwesens – aber jenes Menschen, der aus der Gnade geboren ist. Auch Ausdruck der innersten Gesinnung Jesu, aber nicht, weil Er uns wesensgleich wäre, sondern weil seine Liebe uns Anteil an dieser Gesinnung gibt; so, wie es Paulus meint, wenn Er mahnt, wir sollen „gesinnt sein wie Christus Jesus", obwohl Dieser an sich „in Gottesgestalt ist" (Phil 2,5–6). Das Vaterunser ist Ausdruck der Gnade, die uns gegeben worden, und bleibt, was es ist, nur, wenn wir seine Wahrheit nicht antasten.

Also wollen wir es in Ehren halten. Und es besteht Anlaß, sich an diese Pflicht zu erinnern. Gewiß, in Dingen des Gebetes darf man keine starren Regeln aufstellen, sondern jeder mag seinem Herzen folgen. So kann es gut sein, daß einer das Vaterunser aus der Bewegung seines Gemütes rasch spricht – im allgemeinen gilt aber, daß es durch rasches Sprechen zerstört wird. Es ist heilig, und der Betende soll es in Sammlung sprechen, jeden Satz „im Herzen erwägend". Es kann auch sein, daß einer, nachdem er dieses Gebet aller Gebete gesagt hat, es wieder zu sagen wünscht, und vielleicht noch einmal, weil es ihn dem Vater nahebringt – im allgemeinen gilt aber doch, daß man es nicht leichthin wiederholen soll. Seine Worte sind so schwer von göttlichem Gewicht, daß sie Schaden leiden, wenn man sie oft hintereinander sagt.

Doch legt sich dann von selbst eine weitere Aufgabe nahe. Man möchte doch manchmal länger beten, im Gebet weilen; dann ist das Vaterunser zu kurz. Andrerseits hat man aber nicht immer eigene Worte genug. Das macht auf die Tatsache aufmerksam, daß unsere – wenn man so sagen darf – Gebetskultur recht dürftig ist. Sie bringt uns immer wieder in die Lage, entweder die Ehrfurcht vor dem Herrengebet zu wahren und zu rasch fertig zu werden, oder es aber öfter zu sprechen und die heiligen Worte zu verbrauchen. So sollten wir uns andere Texte zu eigen machen, einige Psalmen zum Beispiel, oder das „Tedeum", oder die schönen Hymnen zum Heiligen Geist, wie sie in der Messe und der Vesper des Pfingstfestes stehen; sie auswendig lernen, um sie bereit zu haben, wenn wir ihrer bedürfen.

Endlich aber noch etwas, und das gilt für alles in diesem Buch Gesagte: das Vaterunser ist ein Gebet. Wenn man ein solches verstehen will, so kann man natürlich darüber nachdenken; es besteht ja aus Gedanken. Man kann, wie es soeben geschehen ist, fragen, wann es entstanden sei und was es bedeute. Richtig erschließt sich aber ein Gebetstext erst, wenn man ihn eben – betet. Auf die Frage, was Beten heiße, gibt der Katechismus die Antwort: sein Herz zu Gott erheben. Wir können auch sagen: mit seinem lebendigen Innern zu Gott gehen. Jedes Gebet ist ein Weg, auf dem man geht. Vertraut man sich ihm an, dann wird man von Wort zu Wort, von Satz zu

Satz weitergeführt, Jenem entgegen, zu dem man spricht. Indem man so tut, erschließt es seinen Sinn.

Wir wollen während der Zeit, in der wir über das Vaterunser nachdenken, es immer mit besonderer Ehrfurcht und Sorgfalt beten. Der Lehrer, der, wie Augustinus sagt, „von außen her lehrt", richtet nichts aus, wenn nicht zugleich Jener redet, der es „von innen her" tut, und das ist Jesus Christus – Er, der in diesem Fall so ganz besonders zuständig ist, hat Er uns doch dieses Gebet geschenkt. Denn es ist nicht genug, daß Er es einmal gelehrt hat, damals, als die Jünger Ihn baten, sondern Er muß es immer neu tun, für Jeden von uns. Wir wollen das Vaterunser von seinen Lippen her sprechen und in seinem Geist, dann wird uns das, was hier nur in gedanklicher Weise gesagt werden kann, überhaupt erst richtig aufgehen.

„Vater unser, der Du bist im Himmel“

I
Der Vater

Wir haben uns zuerst über den Text des Herrengebetes vergewissert und uns dann die Frage vorgelegt, wie denn Jener, der es uns gelehrt hat, Christus, zu ihm stehe. Nun wenden wir uns dem Gebet selbst zu, und zwar der Anrede, mit der es beginnt.

Jedes Sprechen ist eine Bewegung des Geistes und Herzens; so hat es eine Richtung, hin zu dem, dem es etwas sagen will. Auch mit dem Beten ist es so; es sucht Jenen, den es meint. Wer das ist, sagt der erste Satz des Textes: „Unser Vater, der Du bist in den Himmeln.“

In diesen Meditationen wollen wir uns bemühen, Gottes Wort in seiner Fülle zu vernehmen. Alles soll gehört sein, was Er sagt; alles angenommen, auch wenn es, wie die Widerspenstigen in Kapharnaum murrten, „eine harte Rede ist“ (Joh 6,60). Und es soll rein vernommen werden. So müssen wir diese Reinheit immer wieder herstellen, denn die Gedanken der Offenbarung haben sich abgenutzt, sind verschliffen und verflacht worden. Ebenso wie sie, die ursprünglich etwas Genaues meinten, weithin ins Unbestimmte geglitten sind; darum hat der Christ die Aufgabe der Unterscheidung und muß sie immer aufs neue erfüllen. Er soll also fragen: Was sagt die Offenbarung? – aber auch: was sagt sie nicht? womit darf ihr Sinn nicht verwechselt werden? Und die zweite Frage ist es, welche die Antwort auf die erste ganz ins Klare bringt. Was ist also mit diesem „Vater im Himmel" nicht gemeint? Wir müssen etwas neu aufnehmen, das in der letzten Meditation bereits kurz berührt wurde.

In der Geschichte der Religionen erscheinen Göttlichkeiten von väterlicher Art, deren Bild in der Regel mit der Vorstellung des Himmels zusammenhängt. Wenn ein Mensch diesen betrachtet – bei Tage, wenn er von Sonne leuchtet, oder bei Nacht, wenn er von Sternen funkelt – dann kommt über ihn das Gefühl von etwas Weitem, Hohem, Unermeßlichem. Zugleich aber auch das Gefühl, daß die Unermeßlichkeit droben sich wölbt. Er mag gehen, wohin er will, immer ist er von dieser Wölbung übergriffen; immer hat er den Eindruck, unter einer Macht zu stehen. In diesem sich wölbenden Raum geht, den Tag bestimmend, die Sonne ihren Gang; erscheinen nachts schweigend und bildmächtig die Gestirne. Daraus kommt ein Eindruck von Regel, von festem Gesetz und unbrechbarer Ordnung, die auch in den Erdenraum hereinwirken und das Menschenleben bestimmen. Vom Himmel kommt auch der Regen auf die Erde herab und befruchtet sie zu allem Wachstum; von ihm kommen Sturm und Blitz, bringen Verderben und geben das Gefühl einer Majestät, welche das Unrecht ahndet. Dieses Große, in Macht über dem Menschen Stehende weckt in ihm das religiöse Gefühl der Scheu und zugleich das der Geborgenheit. So entsteht die Vorstellung, da oben walte eine Göttlichkeit, und sie verdichtet sich in den verschiedenen Gestalten der Vatergötter, wie sie uns in den Mythen der Völker begegnen: Zeus, Jupiter, in anderer Art Odin ...

Ist der Vater, den das Herrengebet meint, ein Gotteswesen solcher Art? Ganz gewiß nicht! Den Eindruck solcher Überwölbungen und Mächtigkeiten hat es immer gegeben, und immer wieder sind daraus, je nach dem Charakter des betreffenden Volkes und Landes näher bestimmt, Vorstellungen väterlicher Numina entstanden. Von Dem hingegen, den Jesus meint, hat Er gesagt: „Niemand ... kennt den Vater als nur der Sohn, und wem es der Sohn will offenbaren" (Mt 11,27); und wieder: „Niemand kommt zum Vater, es sei denn durch Mich." (Joh 14,6) Der Vater, den Er meint, ist natürlicherweise verborgen. Wir können geradezu sagen, Er sei an sich der unbekannte Gott, der sich erst durch diese Offenbarung kundtut.

Er hängt in nichts von der Welt ab. Zeus, Jupiter, und wie sie alle heißen, stehen und fallen damit, daß die Menschen den Eindruck des Himmelsgewölbes haben. Verschwände dieser Eindruck, dann würden mit ihm auch die Vatergötter verschwinden, denn sie sind nichts anderes als der zu Gestalten verdichtete Geheimnischarakter eines Weltbereiches, wie ihn frommes Empfinden erfährt und religiöse Phantasie gestaltet. Immer aber wäre der Lebendige Gott Der, der Er ist, und sein Wort könnte dem Menschen die Kunde von seinem heiligen Dasein geben.

So hängt jene Väterlichkeit, die Jesus meint, von keiner Welterscheinung, keinen natürlich-religiösen Erfahrungen des Überwölbt- und Beherrscht- und Umfangenseins ab, sondern Gott ist Vater in Ihm selbst.

Der Prolog des Johannesevangeliums beginnt mit den Sätzen: „Im Anfang war das Wort, und das Wort war bei Gott; und das Wort war [selbst] Gott. Solchergestalt war es im Anfang bei Gott.“ Geheimnisvolle Aussagen; nicht leicht zu verstehen. Sie werden deutlicher, wenn wir den letzten Satz des Prologs hinzunehmen, der sagt: „Gott hat keiner je gesehen. Der Einziggezeugte, der an der Brust des Vaters war, Er hat von Ihm Kunde gebracht.“ (1,18)

Das Wort „Gott“ hat im ersten Text zwei verschiedene Bedeutungen. Im Satz: „das Wort war bei Gott“, ist damit der Vater gemeint, während „das Wort“ – griechisch *logos* — soviel besagt wie „der Sohn“. Das zeigt sich gleich nachher, wenn es vom Logos heißt, daß Er „bei Gott war und [selbst] Gott“. Ganz klar wird es im zweiten Text, wo das gleiche Bild in anderen Ausdrücken wiederkehrt, und Jener, der „bei Gott“ ist, nun „der Einzig-Gezeugte“; Jener, „bei“ dem Er ist, der „Vater“ genannt wird. Die Innigkeit aber des Bei-Einander-Seins wird durch die Worte ausgesagt, der Sohn sei „an der Brust“, am Herzen des Vaters.

Hier tritt der Grund des christlichen Glaubens hervor, die Offenbarung des inneren Lebens Gottes: daß Er in sich selbst, in seinem ewig-heiligen Dasein, das Geheimnis der Fruchtbarkeit hat, Er Vater ist und Sohn; daß in Ihm Gemeinschaft ist, und in unendlichem Einvernehmen zwischen Vater und Sohn göttliches Gespräch geschieht, Er Sprechender und Gesprochener–Gesprochener und, wie wir vielleicht hinzufügen dürfen, Antwortender ist. Von dem Einvernehmen aber, der Liebe, die da waltet, deuten die Abschiedsreden an, sie sei selbst wesenhaft, und nennen sie den „Heiligen Geist“ (Joh 14,26; 16,7.13). Das ist in der Ewigkeit, unabhängig von allem, was „Welt“ heißt; und dort ist der Vater, den Jesus meint, Jener, von dem es am Ende des Prologs heißt, niemand auf Erden wisse von Ihm; nur der zu uns Gekommene allein „habe von Ihm Kunde gebracht".

In dieses Geheimnis ewiger Liebe, souverän über aller Welt, soll der erlöste Mensch hineingenommen werden und durch Jesus, „den Erstgeborenen unter vielen Geschwistern" (Röm 8,29), an der Liebe des Vaters Anteil haben. Dieser ist es, zu dem das Herrengebet spricht. Sobald wir die Offenbarung Jesu, sein Wort und seine Hand loslassen, bleibt nichts übrig als ein unbestimmtes Gefühl des Behütetseins und des Vertrauens, ohne Gestalt noch Gewähr.

Nun könnte aber Einer sagen: Ich fühle doch die Vatergüte überall! Ich fühle mich geliebt. Dafür brauche ich keine Theologie; mein Herz gibt mir die Gewißheit. Das mag sein und ist dann schön; aber hier geht es um das Letzte, um das Heil. Da erwacht die Verantwortung und fordert Rechenschaft: woher kommt dieses Gefühl? Ist es nicht ein Rückstand aus zerronnener christlicher Vergangenheit? Wie viele religiöse Empfindungen, die heute umgehen, sind solche dahintreibenden Gedanken, Bilder, Worte, die nicht mehr wissen, woher sie kommen – gehört dieses Gefühl nicht auch dazu?

Abgesehen davon aber: wie ist das mit deiner Behauptung, du fühltest Gottes Liebe, und das genüge dir als Grundlage für dein religiöses Leben? Wann fühlst du sie? Immer, oder nur dann, wenn dir zumute ist, als solltest du die Welt umarmen und du mit dem „Lied an die Freude" denkst, „droben überm Himmelszelt muß ein guter Vater wohnen"? Das wäre nichts als eine Euphorie, mit der Stunde verfliegend. Oder fühlst du die Liebe des Vaters auch im Mißgeschick? In Krankheit und Anfeindung?

Die Liebe, von welcher das Neue Testament spricht, ist kein ins Unendliche ausgedehntes menschliches Liebesgefühl, keine All-Empfindung hoher Stunden, sondern ein Geheimnis, für das uns nur Christus bürgt. Was ist also mit ihr gemeint?

Wir werden noch oft von ihr zu sprechen haben, wollen es aber schon jetzt zu Beginn dieser Meditationen tun. Was meint die Offenbarung mit dem Wort? Etwa die Tatsache, daß es in der Welt eine Ordnung des Gedeihens gibt und das Leben sich in ihr erfüllen kann? Oder, daß aus allem Sein und Geschehen ein metaphysisches Wohlwollen herweht? Wie stünde es aber dann mit dem Leid in der Welt? Mit alledem, was entbehrt und verkümmert? Mit der furchtbaren Grausamkeit des Daseins? Fiele das alles aus der Liebe heraus? Oder wäre es gar nötig, damit auf seinem dunklen Hintergrund das Freudige um so mehr glänze? Doch gewiß nicht!

Zuerst muß der Klarheit wegen gesagt werden, daß Gott der Welt nicht bedarf. Keine Welt ist nötig, damit es für Ihn Liebe gebe, denn die ist wesenhaft in Gott selbst und bedeutet, daß Jener, der „Vater" heißt, und Jener, der „Sohn", im „Heiligen Geiste" eins sind. Dieser Geist macht, daß Gott glüht. Die Liebe ist zuerst und ewig Er. Dann aber ist Liebe, daß Gott die Welt schafft. Wiederum: nicht weil irgendwelche Notwendigkeit Ihn zwänge, sondern weil Er will, in heiliger Freiheit. Auf die Frage aber, warum Er es wolle, gibt es vom Menschen her keine Antwort, sondern Sein Schaffen ist selbst die Antwort. Darin offenbart sich eine Gesinnung von so geheimnisvoll-ungeheuerer Art, daß wir es nur glauben können, weil Er uns ihrer vergewissert, und eben sie heißt „Liebe".

Lassen wir uns die Frage nahekommen: Wie soll das sein, daß der ewige Gott eine endlich-zeithafte Welt schafft? Und daß Er ihrer, nachdem Er sie geschaffen hat, nicht überdrüssig wird? Wir kennen den indischen Mythos vom Gott Shiwa, der die Welt hervorbringt, dann aber sie nicht mehr erträgt, sie in Scherben tritt und eine neue macht. Der Mythos ist sehr aufschlußreich, denn so denkt der Mensch sich schöpferische Göttlichkeit, wenn er sie selbst erdenken muß: daß ihr nämlich keine Welt genügen kann, daher alles unzulänglich bleibt, und es nötig wird, von einem ewigen Werden und Vergehen und neuem Werden, oder von einem unendlichen Prozeß zu reden. Der Gott, von dem Christus redet, ist nicht wie Shiwa. Er schenkt der Welt, die doch in all ihrer Größe Ihm gegenüber nichts ist, daß sie Ihm wichtig sei, wirklich und für immer wichtig. Er nimmt sie in seine Verantwortung; hält sie, sein Werk, in Ehren; ist ihr treu – lauter Begriffe, die von der Welt selbst her unsinnig sind und ihren Sinn erst erschließen, wenn wir sie auf ein Geheimnis beziehen, das hinter aller Schöpfung liegt.

Dieser Gott schafft den Menschen und stellt ihn in eigene Freiheit. In echte Freiheit, zu welcher gehört, daß der Mensch auch gegen Ihn wollen könne. Ist Derartiges denkbar? Fühlt man sich vor einer solchen Aussage nicht versucht, zu sagen, sie sei unmöglich! Doch es ist so, Gottes Wort macht es kund. Und der Mensch tut wirklich, was er wohl tun kann, doch niemals tun sollte; er wendet sich gegen Gott. Der aber vernichtet den treulos Gewordenen nicht, sondern hält ihm Seine Treue. Er tritt selbst in das menschliche Dasein ein, nimmt die Verantwortung für es auf sich und sühnt die Schuld. Nicht nur das, sondern das Unausdenkliche geschieht, daß Er

Mensch bleibt, und in Christus unser Menschenwesen ewig „zur Rechten des Vaters sitzt".

Wir sehen, das sind Dinge von ganz anderem Rang als jede monistische All-Liebe, mag sie sich nun in den Gedankenflügen Plotins, oder den Visionen Hölderlins, oder im Enthusiasmus Beethovenscher Musik ausdrücken. Vor ihnen wird alles andere unernst.

Durch das Vaterunser sagt uns Der, der allein „weiß", Christus, daß dieser Gott sich uns zum Vater gibt; daß von Ihm eine Liebe zu uns kommt, die im Ewigen entspringt und ins Ewige führt, stärker als Endlichkeit, Schuld und Zerstörung. Um sie geht es im Vaterunser. Wieder sehen wir, daß es von der Person Christi nicht losgelöst werden kann, weil es sonst seinen Sinn verliert. Wir vollziehen die Anrede, mit der es beginnt, nur dann richtig, wenn in ihr unser betendes Sprechen Den sucht, auf den Jesus uns hinweist.

Wer zu einem Menschen spricht, sucht mit seinen Worten dessen Angesicht, will sagen: seinen Geist, sein Herz, seine Person. So soll unser Gebet Gottes Angesicht suchen. Von dem spricht das Alte Testament oft. „Laß über Deinem Knecht Dein Antlitz leuchten", heißt es in den Psalmen (118 [119]; 135 [136]; und wieder: „nach Deinem Antlitz suche ich, o Herr" (26 [27], 8), und abermals: „Aus ganzem Herzen flehe ich zu Deinem Angesicht" (118 [119], 58). Damit soll natürlich nicht gesagt sein, Er habe ein Antlitz wie wir. Aber schon beim Menschen liegt doch in dem leiblichen Gebilde, hinter ihm, etwas anderes, nämlich das innere Angesicht. Das dringt ins Äußere vor, und erst beides zusammen ist das Ganze: das Sich-Zeigen der Person, die Herwendung, durch die sie sagt, daß sie für uns da sein will. So ist Gottes Angesicht seine liebende Herwendung – freilich auch die richtende, heißt es doch im 33. [34.] Psalm: „Das Antlitz des Herrn aber richtet sich gegen die Übeltäter, tilgt ihr Gedächtnis von der Erde hinweg." (17)

Daß Er aber in Liebe zu uns hergewendet ist, wissen wir aus keinem autonomen Erlebnis. Einem solchen könnten wir genau so gut eine Gleichgültigkeit Gottes entnehmen, oder Grausamkeit, oder irgendeine furchtbare Eigenschaft sonst, wie manche Mythen sie ausdrücken, und moderne Religiosität sie nahelegt. Nein, nur Christus sagt uns, daß Gott uns liebend meint und will. In dieses Hergewendetsein hinein sollen wir die heiligen Worte des Gebetes sprechen und vertrauen, daß sie aufgenommen werden.

Wie wichtig also, daß wir uns vor dem Gebet sammeln, um dieses Antlitz Gottes zu suchen; im Geiste Den suchen, zu dem unser Wort gehen soll. Unsere Aufmerksamkeit wird bald abgleiten, und wir werden Ihn wieder verlieren; dann müssen wir uns aufs neue zusammenholen und Ihn suchen, und nochmals und abermals. Denn kein Gebet gelangt zu seiner Eigentlichkeit, wenn es nicht findet, wohin es doch gehen soll: das Angesicht Gottes. Das aber kann nur mit Jesus zusammen geschehen. Von ihm gewiesen, müssen wir zum Angesicht Dessen hin sprechen, von Dem er gesagt hat: „Niemand kommt zum Vater, es sei denn durch mich."

II
Der Himmel

In der vorausgehenden Meditation haben wir uns vergegenwärtigt, wer der „Vater“ sei, der da angeredet wird: keine aus der Welt sich erhebende Väterlichkeit, sondern der Gott, von dem niemand weiß; den erst sein Mensch gewordener Sohn, Jesus Christus, uns kundgetan hat. Zu Ihm geht unser Gebet; aber wir können es nur in Gemeinschaft mit Dem sprechen, der uns die Kunde gebracht hat. Sobald wir Ihn verlassen, wird aus dem Vaterunser etwas Freundlich-Belangloses, wenn nicht Unwahres.

In der gleichen Anrede steht ein anderes Wort, dem wir uns nun zuwenden wollen: jenes, das sagt, der Vater sei „im Himmel“, oder „in den Himmeln“. Was heißt das? Was ist dieser Himmel?

Zunächst meint das Wort den Weltraum über uns, vorgestellt nach den Möglichkeiten der Zeit, in welcher das Gebet zuerst gesprochen worden ist. Das Alte Testament sieht den Mittelpunkt der Welt in der Erde; diese selbst aber stellt es als flache Scheibe vor. Über der Erde ist der Luftraum, in welchem sich die atmosphärischen Vorgänge vollziehen. Darüber eine Wölbung, in deren Bild sich jenes Gefühl des Überhöhtseins ausdrückt, das uns ankommt, wenn wir hinaufschauen. Sie besteht aus kostbarer, unvergänglicher Substanz; so wird zum Beispiel in den Gottesgeschichten des Alten Testamentes gesagt: „Sie schauten den Gott Israels. Unter seinen Füßen war es wie Saphirplatten und so klar wie der Himmel selbst.“ (Ex 24,10) Über allem endlich erhebt sich der Saal Gottes, in welchem der Thron seiner Herrlichkeit steht.

Wir dürfen diese Vorstellungen nicht pedantisch nehmen. Sie sind längst überholt; schon die Kinder werden heute anders belehrt. Wenn uns aber das Bildungsbewußtsein nicht eng gemacht hat, empfinden wir sie doch nicht als Unsinn. Einmal sind es Bilder, welche den Augenschein deuten, wie er sich uns immer wieder darstellt – der Begriff des „Firmaments“, an welchem „die Sterne stehen“, erscheint ja immer noch in unserer Sprache. Sie bedeuten aber noch mehr. Wenn wir ihnen dort begegnen, wo sie hingehören, nämlich in den heiligen Texten und durchflutet von deren Leben, empfinden wir sie als Symbole dafür, wie Gott sich dem Gedränge der irdischen Dinge ins Unzugängliche enthebt; in ein Geheimnis, das „Höhe“ ist, Hoheit. Wir werden gleich sehen, daß es noch ein anderes gibt.

Wer heute „im Himmel“ sagt, hat dabei in der Regel keine Vorstellung von Räumen und Stufungen. Er weiß, daß die Kugelgestalt der Erde kein absolutes Oben oder Unten erlaubt. So kann „Oben“ nur eine relative Bedeutung haben: über dem Menschen, um den es sich jeweils handelt. Dabei wandelt sich der Begriff. Aus der äußerlich-physischen Räumlichkeit wird die lebendig-persönliche, existentielle: sein Lebensraum, in dem er atmet, strebt, sich entscheidet, handelt, Schicksal hat. Mit Bezug auf ihn spricht er von oben und unten, und die Vorstellung der räumlichen Höhe wird durch die geistig-werthafte einer Erhabenheit und Majestät durchdrungen, vor der er sich neigt.

Im Neuen Testament begegnet uns eine Vorstellung, in welcher die Vergeistigung noch weitergegangen ist. Im ersten

Brief an Timotheus sagt Paulus, Gott sei „der selige, alleinige Gebieter, der König der Könige, der Herr der Herrscher, der allein Unsterblichkeit hat, der da wohnt in einem Licht, in das kein Zugang ist; den keiner der Menschen gesehen hat noch zu sehen vermag. Ihm sei Ehre und ewige Herrschaft!" (6,15–16)

Ein Bild voll Geheimnis. In ihm drückt sich die gleiche Empfindung aus, wie in jenem, von welchem soeben die Rede war: daß Gott „droben" ist. Aber statt der Vorstellung eines Bereichs erscheint die des Lichtes. „Licht" ist Symbol für den Geist, genauer für heiligen Geist, *Pneuma;* so wird nun der Himmel als Licht der Höhe gedacht; geistig-heiliges Licht, in das kein geschaffenes Wesen eindringen kann. Und nicht, weil sein Raum höher läge, als wir zu steigen vermöchten, sondern weil es über jeder meßbaren Höhe ist: Herrlichkeit des heiligen Gottes, in die vom Geschöpf her kein Weg, sondern nur ein gnadengewährter Überschritt führt.

Das Bewußtsein vom Himmel als der Höhe und vom Beten als einem Aufstieg findet in der Heiligen Schrift noch ein drittes Bild. Darin neigt sich die Majestät Gottes zu uns herab, und unser Wort hat offenen Weg zu Ihm. Von diesem Bild war bereits in früheren Erwägungen die Rede; es ist das von Gottes Angesicht. Denken wir etwa an das Psalmwort: „Laß über Deinem Knecht Dein Antlitz leuchten." (118 [119], 135)

Darin dringt ein Gefühl durch, das uns ebenfalls kommen mag, wenn wir in den Himmel schauen: daß sich von droben her etwas Großes, Heilig-Strahlendes auf uns richte; die Gotteshoheit uns meine, sich in Huld uns zuwende. Als Bitte, diese Zuwendung möge nicht verweigert werden, erscheint das Bild in einem anderen Psalmenwort: „Verbirg Dein Angesicht nicht vor mir!" (101 [102], 3) Ein Vorgang, wie wir ihn oft beobachten können, spielt herein: die Sonne hat erst freundlich geleuchtet; dann aber tritt sie hinter Wolken, und der Mensch bekommt das Gefühl, eine Huld habe ihn verlassen. So, bittet der Psalm, möge Gottes Huld sich ihm nie entziehen.

Die Herwendung kann auch in richtender Strenge, in vernichtendem Zorn geschehen; so meint es der Psalm, wenn er sagt: „Du hast ... unsere heimliche Schuld vor Dein Angesicht" gestellt (89 [90], 8); und der andere, der verkündet, Gottes Feinde seien „vor Seinem Antlitz zunichte geworden" (Ps 9,4).

In diesen Bildern drückt sich der Himmel aus, der Hoheit ist; er hat aber noch eine andere Form: die der Innigkeit.

Durch die Briefe des Apostels Paulus zieht sich folgende Vorstellung. Im glaubenden Menschen ist eine Tiefe, anders drinnen als alles Natürliche. Also nicht die der Organe im Unterschied zur Oberfläche des Körpers; auch nicht die der Seele im Unterschied zum Leibe; noch einmal nicht das Unbewußte, das unter dem hellen Bewußtsein, oder die Gesinnung, die noch unter den Entschlüssen und Handlungen liegen. Vielmehr ein Innenbereich, der zunächst überhaupt nicht da ist. Paulus wird aber nicht müde, zu sagen, daß Jesus, als Er von den Toten erstand, durch die Kraft des Heiligen Geistes zum Herrn der Herrlichkeit wurde, und als solcher die Verheißung erfüllte, die Er den Seinen gegeben hat: „Ich gehe hin und Ich komme zu euch" (Joh 14,28). „Gegangen" ist Er aus dem unmittelbaren Daseinsraum der Geschichte zum Vater, in die Ewigkeit; ebendamit ist aber Er, der Vergeistete, für den es keine irdische Grenze noch Bedingungen mehr gab, zu den Seinen „gekommen“, „in“ sie, in ihr Innerstes. Nein, mehr: Er hat diese Innerlichkeit überhaupt erst in ihnen geschaffen.

Nun „wohnt“ Gott durch Christus im glaubenden Menschen und wirkt in ihm das neue Leben. Der neue Mensch, der da mitten im alten wird, ist der eigentliche, nun erst wahrhaft Er-selbst, weil in ihm Christus lebt. So lebt, wie es in dieser Weise nur in jeweils diesem Menschen geschehen kann, denn Christus will den Menschen als Person, das heißt, jeden als diesen Einmalig-Einzigen. Paulus schreibt denn auch im Brief an die Galater: „Ich lebe, [aber] nicht mehr ich, sondern es lebt in mir Christus.“ (2,20) Auch das Johannesevangelium spricht von dieser inneren Tiefe. Da sagt Jesus am Jakobsbrunnen: „Wer von dem Wasser trinkt, das Ich ihm geben werde, den wird nicht mehr dürsten in Ewigkeit; sondern das Wasser, das Ich ihm gebe, wird in ihm zu einer Quelle von Wasser, das ins ewige Leben steigt.“ (4,14) Das Wasser ist ja ein Bild des Lebens, hier des neuen; dessen Quell aber entspringt, von Christus geweckt, im Menschen selbst.

Auch das ist „Himmel“, sagen wir genauer, auch da wird ein Weg zum Himmel deutlich, zu dem der Innigkeit. Er führt nicht in die Höhe, sondern nach Innen. Wieder aber freilich durch einen Überschritt – so viel „weiter hinein“, als Gottes Thron „höher oben“ ist gegenüber jeder Höhe, die sich in der Welt über dem Menschen erheben kann.

Hier kommen die beiden Pole des menschlichen Daseins zum Ausdruck. „Oben“ und – nicht „Unten“, was Körperlichkeit bedeuten würde, sondern „Innen“. Dorthin richtet der Mensch sich aus: nach dem ersten durch alles das, was Aufblick heißt, Erhebung, Aufstieg des Geistes und Herzens;

nach dem anderen durch Einkehr, Verinnerlichung, Wurzelfassen im inneren Grund. Nach beiden Richtungen hin liegt für unsere menschliche Anschauung auch Gottes Enthobenheit; sein Himmel, in den kein von der Welt her vorgegebener Weg, sondern nur, durch die Offenbarung gewiesen und durch die Gnade gewährt, der Überschritt des Glaubens und des Gebetes führt. Beide Male aber ist es der eine und gleiche Himmel. Denn „Oben" und „Innen" sind, mit Bezug auf Gott gesagt, Bilder für Unaussagbares. Für uns Menschen, die wir im Räumlichen leben und denken, sind sie getrennt; für Ihn, den Enthobenen, Ein und das Gleiche. Dahin richtet sich das Gebet dessen, der das Vaterunser spricht.

Wenn Gott aber – sei's nach der Höhe, sei's nach der Innigkeit hin – allen geschaffenen Mächten und Zusammenhängen entrückt, „im Himmel" ist: bedeutet das dann nicht, daß Er sich von der Welt wegwendet und den Betenden von ihr wegholt? Das Gegenteil ist wahr: gerade weil Er nicht zur Welt gehört, kann Er sich ihr überhaupt erst zuwenden, wie das Evangelium es uns verkündet, nämlich in einer Liebe, die sich selbst schenkt. Wenn da zwei Geschwister einander herzlich zugetan sind, von zwei Anderen aber jedes irgendwoher kommt, sie einander begegnen und sich in Freundschaft oder Liebe verbinden – bei welchen entsteht größere Nähe? Die ersten Beiden kommen aus dem gleichen Blut und der gleichen Kinderwelt; ihre Lebenswurzeln liegen in der nämlichen Erde, und sie sprechen die nämliche Grundsprache, so sind sie einander von dorther unmittelbar verbunden – vorausgesetzt freilich, daß die Nähe nicht in ihr Gegenteil, nämlich in jene Gereiztheit, ja Feindschaft umschlage, wie sie sich gerade an dieser Verbundenheit entwickeln kann. Das also vorausgesetzt, besteht zwischen ihnen jene schöne Selbstverständlichkeit des Zu-Einander-Stehens, die eben Geschwisterschaft heißt. Die Anderen aber, deren jeder aus eigenem Leben kommt, die einander begegnen, einander in den Blick treten – in den inneren Blick, der das Wesen sieht – und sich in Freundschaft oder Liebe, in Vertrauen und Treue verbinden, sie gelangen, gerade weil sie aus der Ferne her zueinander kommen, in eine ganz andere Nähe. Das ist nur ein Bild; ich glaube aber, das einzige, das uns hier weiterhelfen kann.

Es gibt Vorstellungen vom Verhältnis Gottes zur Welt, für die Er mit dieser eins ist: ihr „Urgrund“, ihre „Wurzelkraft“, ihre „Seele“ oder wie immer. Mythik und Pantheismus denken so. Da scheint Gott allem ganz nahe, denn in der Tiefe wäre Er ja alles selbst. Sehen wir davon ab, was solche Vorstellungen zerstören, weil in ihnen nichts mehr sauber bleibt, Gott nicht mehr deutlich Gott, die Welt nicht reinlich Welt, vielmehr alles verwischt und versudelt. Jedenfalls scheint da zunächst eine große Nähe zu sein – sie kommt aber in keinen Vergleich zu jener, die wird, wenn Gott aus seiner souveränen Freiheit, aus seinem „Himmel“ heraus an den Menschen herantritt. Das mag Er aus der Höhe her tun, wie es sich etwa in Jesu seliger Botschaft von der Vorsehung ausdrückt, als Herr der Zeiten und Dinge, der um alle Menschen weiß, und den Sinnzusammenhang des Geschehens daraufhin lenkt, daß in Jedem der neue Mensch und von Jedem her der „neue Himmel und die Erde“ werden: dann ereignet sich ein Kommen in Huld, ein Erkennen und Lieben in personaler Zuwendung, und eine Nähe entsteht, gegen die alle pantheistische All-Einheit nur Naturzusammenhang bleibt ... Oder Er mag es aus dem tiefsten Innen her tun, von dorther, wo der Mensch ans Nichts grenzt und Gott ihn hält: dann ereignet sich ein Aufsteigen im Innersten, und wieder entsteht eine Nähe, mit der sich nichts vergleichen kann, was die pantheistischen Dithyramben von Gott-Natur und All-Einheit verkünden mögen.

Wir sehen: wenn das Vaterunser uns lehrt, betend Gott „im Himmel" zu suchen, über allen Dingen oder innert aller Dinge; in der Höhe seiner Majestät über allem Geschaffenen, oder in der Innigkeit seiner Liebe, tiefer als alles Geschaffene – wenn wir den Schritt aus unserem Raum hinaus in den seinen tun, dann gelangen wir zu Ihm in eine Nähe, in welcher jenes Gebet möglich wird, das Er will. Denn dieses Hinausgehen aus dem Unseren bedeutet Freiheit – die wirkliche, zum wirklichen Gott und zum wirklichen Selbst. Das Wort, mit dem die Geschichte des Heils beginnt, nämlich der Ruf an Abraham, hat gelautet: „So zieh aus deiner Heimat hinaus, aus deiner Verwandtschaft und aus deinem Vaterhaus, in das Land, das ich dir zeigen werde!" (Gen 12,1) Sind nicht auch wir „in unsere Heimat und in unsere Verwandtschaft und unser Vaterhaus" eingewoben, wie in ein Netz? Tausend Abhängigkeiten der Familie, des Berufes, des Gemeinwesens, des Staates schließen uns ja doch ein; die Wirkungen von unserem und der Anderen Tun binden uns; überall treten wir in Verantwortungen, die uns nachher belasten – und so fort ins Unabsehliche. Sobald wir im Ernst sprechen: „Vater unser, der Du bist im Himmel", öffnet sich für einen Augenblick das Netz, und wir treten hinaus, in die Weite Gottes und in die Eigentlichkeit unserer selbst.

Das Gleiche geschieht, wenn wir Gott drinnen suchen. In welche Oberflächlichkeiten werden wir zerstreut, in den

Häusern, auf der Straße, in Büro und Werk; aber auch in uns selbst, in unseren Trieben und Gedanken und Bestrebungen! Wie dünn ist das alles – so dünn, daß seine Oberflächlichkeit ihres Gleichen nur in der Gewalttätigkeit findet, mit der sie sich uns aufdrängt. Wenn wir aber, vom Herrn gerufen, durch sie hindurch ins Innere dringen und Gott in der Innigkeit der Tiefe suchen, dann finden wir die Nähe, in die wir gehören; den Ort, den Gott uns anweist, wo wir „bei Ihm" sind und die Mitte des Daseins gewinnen.

Vielleicht wendet der Leser aber nun ein: An alles das soll ich denken, wenn ich beim Beten des Vaterunsers in wenigen Sekunden die Worte „im Himmel" spreche?

Darauf wäre manches zu erwidern. Einmal, wie wichtig das ist, woran wir uns früher gemahnt haben, nämlich das Gebet des Herrn in Ehren zu halten. Nicht „ein" Vaterunser zu sprechen, und drei und fünf und zehn – sondern „das" Vaterunser, gesammelt und im Ernst jedes Wortes. Jedes echte Sprechen des Vaterunsers ist ein Vollzug der heiligen, uns kund gewordenen Ordnung des Daseins. Es nimmt der Welt ihre Überheblichkeit und weist sie in ihre Wahrheit zurück, welche heißt, geschaffen zu sein. Dann geht es über diese Welt hinaus zu Dem, Der sie in einer nie zu verstehenden Großmut geschaffen hat und erhält. So werden die Dinge richtig: die Welt ... Gott, ihr Schöpfer ... der, der zu Ihm spricht ... Christus, durch den allein dieses Sprechen möglich wird ...

Dann aber, und damit erinnern wir uns an den Sinn, den unsere Überlegungen überhaupt haben: wenn wir über diese Dinge nachdenken, auch zwischenhinein manchmal zu ihnen zurückkehren, dann sammelt sich in den Worten des heiligen

Textes ewas an. Sie werden voller, gewichtiger, eigentlicher, und das macht sich geltend, wenn wir sie, weil ja jedes Gebet notgedrungen seine Zeit hat, relativ schnell sprechen müssen.

III
Die Gotteskindschaft

Wir wollen die Anrede des Herrengebetes noch einmal aufnehmen, und zwar so, daß wir fragen, wer es denn sei, der sie spricht? Wo ein Vater, ist auch ein Kind – welches Kind ist es aber, das da redet?

Daß das Neue Testament mit großer Eindringlichkeit von der heiligen Kindschaft spricht, weiß jeder, der es nur ein wenig kennt. Jesus hat – um nur ein Wort anzuführen – gesagt: „Wenn ihr nicht umkehrt und werdet wie die Kinder, werdet ihr in das Reich der Himmel nicht eingehen." (Mt 18,3) Das Wort ist mißverstanden, ja entstellt worden. Man hat gesagt, um Christ zu sein, müsse man eine bestimmte Gemütsart haben; müsse unselbständig, anlehnungsbedürftig, fügsam, sagen wir es gerade heraus: man müsse geistig infantil sein. Eine Persönlichkeit mit entschiedenem Selbstbewußtsein, die aus kräftigen Impulsen lebe und entschlossen sei, sich ihren Anteil an der Welt zu erobern, könne diese Christlichkeit nur ablehnen. Ein großes Mißverständnis, ja eine böse Verleumdung, denn jene Kindschaft und Kindlichkeit, von welcher das Neue Testament redet, ist ernst und voll Verantwortung.

Nebenher mögen wir noch auf etwas anderes aufmerksam werden: daß nur von „Kind" und „Kindtum" gesprochen wird, ist eine Besonderheit der deutschen Sprache; andere reden von „Söhnen" und „Töchtern" Gottes. Warum das so sei, wäre interessant zu wissen; doch können wir darauf nicht eingehen. Sicher ist jedenfalls, daß Christus nie etwas Infantil-Unselbständiges gemeint hat. Wer seiner Veranlagung nach anlehnungsbedürftig ist, kann gewiß Christ sein; vielleicht wird eine natürliche Fügsamkeit ihm den Glaubensgehorsam sogar erleichtern. Wenn er aber mit dem Geiste Jesu ernst macht, erfährt er bald, was es heißt, in christlicher Verantwortung zu stehen und in der jeweiligen Situation den Willen Gottes zu tun.

Das Kindtum, von dem Jesus spricht, ist auch keine bloße Stimmung, sondern etwas Reales. Gottes Kind zu sein, besteht nicht darin, sich von einer hohen Macht umfangen und das eigene Geschick in ihren Händen behütet zu wissen, sondern es ist ein Geheimnis heiliger Wirklichkeit; denken wir an das paulinische Wort, nach dem Gott jene, die Er zum Glauben führt, vorherbestimmt „zur Eingestaltung ins Bild seines Sohnes, auf daß Er der Erstgeborene sei unter vielen Geschwistern" (Röm 8,29).

Doch wollen wir tiefer zu verstehen suchen, was das bedeutet. Im dritten Kapitel des Johannesevangeliums wird erzählt, wie ein Mitglied des Synedriums, des obersten Rates, Nikodemus mit Namen, den Herrn aufsucht. Er fürchtet sich vor den Feinden Jesu, deswegen kommt er nachts; aber es drängt ihn, besser zu verstehen, was der neue Lehrer meint, dessen Wort die Öffentlichkeit so tief erregt. Zuerst spricht er die Verehrung und das Vertrauen aus, die er für den Meister empfindet, dann sagt Jesus: „Wahrlich, wahrlich, ich sage dir, wenn einer nicht von oben her geboren wird, kann er das

Reich Gottes nicht schauen.“ Nikodemus wundert sich, wie das sein könne, daß Einer, der schon lebt, gar schon bei Jahren ist, neu solle geboren werden; da erwidert Jesus: „Wahrlich, wahrlich, ich sage dir: Wenn einer nicht geboren wird aus Wasser und Geist, kann er in das Reich der Himmel nicht eingehen.“ Und um darauf aufmerksam zu machen, es handle sich um etwas, auf das schon die Offenbarung des Alten Testamentes zuführt, leitet Er seine Antwort ein: „Du bist der Lehrer Israels und verstehst das nicht?“ (3ff)

Die Worte reden die Sprache des Mysteriums, des religiösen Geheimnisses. In ihnen werden zwei, sagen wir, Elemente genannt, durch welche die „Geburt“ gewirkt wird, von der die Rede ist. Einmal „das Wasser“, das heißt, in der Sprache des Apostels Johannes, die Taufe. Deren Symbol begegnet uns in der Religionsgeschichte oft. Das Wasser ist Bild für den Tod und für das Leben; sagen wir genauer, für das Grab, in welchem altes Leben stirbt, und den Schoß, aus dem neues ersteht. Was das Alte Testament angeht, so brauchen wir nur an den letzten Propheten und Vorläufer Jesu zu denken: „So trat Johannes auf, der Täufer in der Wüste, und verkündete die Taufe der Buße zur Vergebung der Sünden. Das ganze judäische Land und alle Bewohner Jerusalems gingen zu ihm hinaus und ließen sich von ihm im Jordanfluß taufen und bekannten dabei ihre Sünden.“ (Mk 1,4–5) Wenn wir jedoch das Symbol in seiner ganzen Kraft sehen wollen, schlagen wir die Texte der Liturgie vom Karsamstag auf: sie zeigen, wie in der Weihe des Taufwassers die Wirklichkeit eines geheimnisvollen Schoßes deutlich wird. Denken wir dazu noch an den alten Ritus, nach welchem das Taufbecken ein Brunnenbecken mit strömendem Wasser war, in das der

Neophyt hinabstieg, vom taufenden Priester niedergetaucht wurde und sich dann wieder erhob, so ist der Sinn mit Augen zu sehen.

Seine eigentliche Wirklichkeit bekommt das Zeichenhafte des Symbols durch den Heiligen Geist. Er ist der Schöpfer. Im Bericht über die Erschaffung der Welt heißt es: „Die Erde aber war wüst und wirr, und der Geist Gottes schwebte über der Urflut", eine geheimnisvolle Gewalt, bereit, ins Chaos zu greifen und die künftigen Gestalten herauszuholen (Gen 1,2). Und was nachher über die Werke der sechs Tage gesagt wird, entfaltet sein Schaffen ins Einzelne ... Dieser Geist ist es, der im sichtbaren Geschehen der Taufe die verborgene Wirklichkeit werden läßt: Wer sich glaubend in es hineingibt, wird zu einem neuen Dasein geboren. Der Mensch, der schon ist, wird in eine Schoßtiefe der Gnade gezogen und ersteht neu, eines Lebens teilhaftig, das aus Gott stammt.

In den Streitgesprächen Jesu mit seinen Gegnern aber, wie sie der gleiche Johannes berichtet, erscheint bestürzend der Gedanke, nur der könne Ihn lieben und Seine Botschaft verstehen, der „aus Gott ist", aus Gott geboren (8,42ff). Deswegen sind ja die Gespräche zwischen den Gegnern und Ihm so hoffnungslos, weil sie aus einer anderen „Geburt" kommen als Er. Sie lassen sich nicht in die Gnadenmacht des lebendigen Gottes los, sondern halten sich in ihnen selbst fest. Das bedeutet eine böse Entscheidung, denn sie bleiben dann nicht nur menschlich, sondern werden „Kinder des Satans".

Unter den Autoren des Neuen Testaments ist es Paulus, der sich die Frage gestellt hat, was das denn sei: ein Christ; in welcher Weise er existiere, und wie er zu dem heranwachse, was zu werden Gott ihm bestimmt habe? So hat Paulus eine Formel geschaffen, mit der er das Dasein des christlichen Menschen zu verstehen sucht, der so geheimnisvoll ist, ja so widersprüchig, daß man oft nicht weiß, woran man mit ihm ist. Und zwar sagt er, in jedem Christen lebten gewissermaßen zwei Wesen. Das eine nennt er den „alten“ oder „fleischlichen“, das andere den „neuen“ oder „geistlichen Menschen“. Die beiden stehen miteinander im Kampf; wenn der aber richtig geführt wird, dann wächst der geistliche darin zu einer Reife heran, die Paulus „das Vollalter Christi“ nennt (Röm 8,1ff). Man hat auch diese Gedanken mißverstanden und gesagt, Paulus sei ein Dualist. Für ihn gehöre der Leib und dessen Leben zum Bösen und Vergehenden; gut und ewigkeitsfähig sei nur der Geist. Also müsse, wer Christ sein wolle, das Leiblich-Lebendige abtun und sich ins Bloß-Geistige hinüber ziehen. Davon ist nichts wahr. Denn der „fleischliche Mensch“ im paulinischen Sinn ist der Leib des Menschen zusammen mit seiner geistigen Seele; Herz und Verstand, Wille, Erkenntnis und Handeln. Alles also, der ganze Mensch ist „fleischlich“, so lange er unerlöst ist und sich in sich selbst festhält. Und der „geistliche“ Mensch ist nicht die Spiritualität, der Intellekt – die Gnosis sagt so, gegen die sich Paulus als Erster gewendet hat. Sondern „geistig“ ist wiederum der ganze Mensch, Leib und Geist, Trieb und Herz, Inneres und Äußeres, doch von Gottes Gnade ergriffen und im Glauben Gott zugewendet. Das wird besonders im ersten Korintherbrief deutlich, wo von einem „irdischen“, naturhaften und einem „geistlichen Leib“ gesprochen wird, der einst in der Auferstehung offenbar werden soll (15,42–44). Der geistliche Mensch aber wird in Glaube und Taufe geboren. Und wie ist er geartet? Um einen Menschen in die natürlichen Zusammenhänge einzuordnen, sagt man wohl: Er trägt die Züge seines Vaters, oder ähnelt diesem oder jenem seiner Geschwister. In entsprechender Weise sagt Paulus: „Wir alle werden in eben dieses Bild [des Herrn] verwandelt von Herrlichkeit zu Herrlichkeit, so wie [es nur geschehen kann] vom Herrn des Geistes her." (2 Kor 3,18) Wer sich wirklich ins gläubige Leben hineingibt, gewinnt darin eine neue Art: die Züge Christi kehren in ihm wieder; abgewandelt nach seiner persönlichen Veranlagung; nach der Zeit, in der er lebt; dem Volk, zu dem er gehört; mit anderem vermischt, gebrochen, ja verwirrt, und dennoch da, heißt er doch nicht umsonst „Christianus", Christus-Mensch. Das soll in all der Nüchternheit der Selbstkritik gesagt sein, die jeder Blick in uns selbst uns auferlegt – aber auch in der Zuversicht, die uns der Glaube erlaubt. Das ist das Kind Gottes; und Paulus sagt, wir können von seiner Wirklichkeit durch alles Widersprechende hindurch eine innere Gewißheit bekommen: „Ihr habt ja nicht einen Geist der Knechtschaft empfangen, wiederum zur Furcht, sondern einen Geist der Kindschaft habt ihr empfangen, in welchem wir rufen: ‚Abba, Vater!' Eben dieser Geist bezeugt, zusammen mit unserm Geiste, daß wir Kinder Gottes sind." (Röm 8,15–16)

Dieser neue Mensch, sagt Paulus, ist durch den alten verhüllt. Mehr, sie kämpfen miteinander: „das Fleisch gelüstet wider den Geist, der Geist aber wider das Fleisch; diese sind wider einander", heißt es im Galaterbrief (5,17) – die Begriffe des Fleisches und des Geistes so verstanden, wie wir vorhin gesehen haben. Derart verwoben sind ihre Bilder, daß man sie oft nicht unterscheiden kann. Was einer körperlich ist, kann man sehen; es steht da. Was einer geistig ist, kann man feststellen; man fragt, er antwortet, und darin zeigt sich seine Art. Der neue Mensch hingegen ist verhüllt. Man weiß nicht, wie es mit ihm steht – so wenig, daß der Christ sogar sich selbst verborgen ist. Paulus sagt einmal das merkwürdige Wort: „Nicht einmal über mich selbst urteile ich ... sondern wer über mich urteilt, ist der Herr." (1 Kor 4,4) Das gilt für uns alle; denn wer würde so kühn sein, einfachhin zu behaupten, er sei Christ?

Es ist wohl so: daß wir Christen sind, müssen wir glauben. Man möchte fast sagen, im Credo fehle ein Artikel, der lauten müßte: „ich glaube an den Christen in mir." Wir müssen an das glauben, was wir aus Christi Erlösung sind. Als Anfang sind; und vertrauen, daß wir es durch die Zeit hin immer mehr werden und die Vollendung erfahren in der Ewigkeit. Dafür gibt es einen wunderbaren Ausdruck im achten Kapitel des Römerbriefes. Da heißt es: „Ich halte nämlich dafür, daß die Leiden dieser Zeit nicht ins Gewicht fallen gegenüber der Herrlichkeit, die an uns offenbar werden soll. Denn das Harren der Schöpfung ist ein Warten auf die Offenbarung der Kinder Gottes. Die Schöpfung ist ja der Hinfälligkeit unterworfen, nicht durch eigenen Willen, sondern durch Den, der sie unterworfen hat, auf die Hoffnung hin, daß auch sie, die Schöpfung, von der Knechtschaft der Vergänglichkeit befreit werden soll zur Freiheit der Herrlichkeit der Kinder Gottes." (18–21) Daß wir Kinder Gottes, Söhne und Töchter Gottes sind, soll einst offenbar werden, den Anderen, aber auch uns selbst, damit wir dann, endlich, die Ruhe und Freude ewigeigentlichen Daseins gewinnen.

Johannes sagt im ersten Brief: „Seht, welch große Liebe uns der Vater gegeben hat, daß wir Gottes Kinder heißen sollen und es sind. Darum erkennt uns die Welt nicht, weil sie Ihn nicht erkannt hat. Geliebte, [schon] jetzt sind wir Kinder Gottes; aber noch ist nicht offenbar, was wir einst sein werden. Wir wissen, wenn Er sich offenbart, werden wir Ihm ähnlich sein, denn wir werden Ihn schauen, wie Er ist." (3,1–2) Die Gotteskindschaft ist ein Abbild der ewigen Sohnschaft des Logos; darum teilt sie deren Schicksal, in der Welt verkannt zu werden. So muß sie sich selbst daraufhin verstehen, daß sie erst einst, wenn der Herr in seiner Herrlichkeit wiederkommt, offenbar werden soll. Und wie abgründig ist der johanneische Satz: „wir werden Ihm ähnlich sein, denn wir werden Ihn schauen, wie Er ist." Ihn „schauen", Ihn erkennen kann nur, der Ihm ähnlich ist. Es gilt aber auch umgekehrt; Ihn zu schauen, wie Er ist – wenn das wirklich geschieht, macht es den Schauenden Ihm ähnlich, denn dieses Schauen ist ein Ergriffenwerden vom Licht des Geschauten, und es gestaltet den Schauenden ein in die eigene Herrlichkeit.

Die Apokalypse beginnt mit den sieben Sendschreiben, die der Thronende im Himmel, Christus, an die sieben Gemeinden sendet, welche stellvertretend für die ganze Kirche stehen. Im Schreiben an die Gemeinde von Pergamon heißt es: „Wer ein Ohr hat, der höre, was der Geist den Gemeinden sagt: Dem Sieger werde ich vom verborgenen Manna geben, und ich werde ihm einen weißen Stein geben und auf den Stein geschrieben einen neuen Namen, den niemand weiß, als der ihn empfängt." (2,17) Wir fühlen den Tonfall; es sind Worte aus der Sphäre des Mysteriums. Und zwar sprechen sie vom Namen dessen, der „überwunden hat“; „Name“ im Vollsinn des Wortes aber ist das Wesen des Menschen, dem er gehört, hineingegeben in das Wort. Wenn das so ist, dann haben wir noch keinen richtigen Namen; denn unseren jetzigen, bürgerlichen tragen ja auch andere. Wer ich wirklich bin, weiß ich noch nicht – ich, gestern geboren, morgen tot, jetzt hineinverloren ins endlose Dasein; irgend einer, und doch eben ich, mir selbst jener, an dem alles hängt; nicht zu verdrängen, nicht zu vertreten – welch ein Abgrund der Unbegreiflichkeit für jeden, der zu empfinden vermag! Dieses Geheimnis ist jetzt noch unverstanden und unbenannt. Einst aber wird es seinen Namen erhalten; den, der mich sagt und mich allein. Er wird der Name des Sohnes, der Tochter Gottes sein. Auch er noch Geheimnis; dann bedeutet aber das Wort „Geheimnis“ etwas anderes: die Geborgenheit im Wissen zwischen Gott und mir.

In solchen Gedanken spüren wir die Tiefe dessen, was „Existieren“ heißt, und was christliche Existenz. Denn weiß ich wirklich, wer ich bin? Manchmal geschieht es wohl, daß ich dasitze, vielleicht am stillen Abend, und die Frage weht mich an: Was ist eigentlich mit mir? Was steht hinter all dem, was ich so im sichtbaren Getriebe des Alltags bin und tue und treibe, an Kummer habe und an Freuden? Was ist das: „Ich?“ Wer bin ich? Auf die Frage antwortet keine Wissenschaft, keine Sozialordnung, keine Philosophie. Einmal aber, so ist verheißen, soll ich es erfahren; und was sich dann kund tut, wird der Name sein, den Gott mir gibt.

„Geheiligt werde Dein Name“

I
Der Name Gottes

Nachdem wir die Anrede des Herrengebetes bedacht und einiges aus ihrer Tiefe heraufgeholt haben, wenden wir uns nun den eigentlichen Bitten zu. Es sind ihrer sieben, und die erste lautet: „Geheiligt werde Dein Name!“ Damit stehen wir mitten im Geheimnis der Offenbarung; denn hat Gott einen Namen? Einen, den nicht der Mensch Ihm gegeben hat, sondern mit dem Er selbst sich nennt?

Im zweiten Schöpfungsbericht der Genesis wird erzählt, wie Gott den Mann erschaffen hat, dieser die Einsamkeit fühlt, und der Herr ihm die Tiere zuführt, damit deutlich werde, ob der Mensch mit ihnen Gemeinschaft haben könne. Dann heißt es: „Und der Mensch gab allem Vieh, allen Vögeln des Himmels und allen Tieren des Feldes Namen; aber für den Menschen fand sich keine Hilfe von seiner Art.“ (Gen 2,20) Erkennend faßt der Mensch die Eigenart der Lebewesen auf und spricht sie im Namen aus. Indem er versteht, was das Tier, versteht er, was er selbst ist, und daß er anders ist als jedes Tier. Dann schafft Gott aus der Lebenssubstanz des Mannes das Weib, gleichen Wesens wie er, und zwischen ihnen erst entfaltet sich die Gemeinschaft ebenbürtigen Menschentums.

Im Nennen vollzieht sich also ein Schauen und Erfassen, aber auch eine Unterscheidung. Wir werden sehen, was das bedeutet.

Als Gott den Menschen schuf, sagt die gleiche Genesis, „schuf Er ihn nach Seinem Bild, Ihm ähnlich" (1,26). Damit wird der Wesensname des Menschen genannt: Jener, der Gottes Ebenbild ist. Darin deutet sich aber auch der Name Gottes an: Urbild. Was der Mensch sein soll und darf, wird ihm gegeben, sein Maß steht über ihm; was Gott ist, ist Er aus Ihm selbst: seines Wesens Herr.

Hier wird die Unterscheidung vollzogen, in welcher der Grund für die Wahrheit des Daseins liegt. Was immer aus Lebenserfahrung, Philosophie, Weisheit über den Menschen gesagt werden kann – alles ist wahr nur, wenn es diesen Satz enthält: Gott ist Urbild, Herr von Wesen, weil seines Wesens Herr; der Mensch ist Ebenbild, empfängt sein Wesen, ist darum Herr nur von Gnaden. Wird diese Grundwahrheit aus den Aussagen über den Menschen und über Gott hinausverloren, dann mögen sie aller Wissenschaften und Weisheiten voll sein – alles gleitet ins Namenlose, Verwirrung und Zerstörung breitet sich aus. So sehen wir denn auch, wie genau an diesem Punkt die Versuchung einsetzt (Gen 3,5). Gott hat vor dem Menschen ein Hoheitszeichen aufgerichtet: den Baum, von dessen Frucht er nicht essen soll. Dieser Baum sagt, daß Gott das Recht hat, Gebot zu geben, der Mensch aber die Pflicht, es zu halten. Daran soll sich entscheiden, ob dieser sich in seinen Namen, in seine Wahrheit, das heißt, in seine Ebenbildlichkeit stellt, oder nicht. Der Versucher aber sagt: Ebenbild? O nein! Gott weiß genau, daß ihr das Gleiche seid wie Er; Urbild auch ihr! Ihr sollt es nur nicht erfahren, damit ihr Ihm untertan bleibt. Lehnt euch gegen Ihn auf, dann werdet ihr inne, daß ihr Gott gleich seid! ... Wir erkennen den Klang der Worte, den Willen, der heute weithin, in Philosophie und Literatur, Zeitung und Politik durchdringt und alle Konsequenzen zieht: nicht Gottes Ebenbild, nicht einmal nur Ihm „gleich“, sondern selbst Gott! Und noch einmal mehr ist damit gesagt, nämlich: Überhaupt kein Gott, nur der Mensch – der Mensch, seine Welt und sein Werk! Genau das, was der „Lügner von Anbeginn“ ihm eingeredet hat.

Nun beginnt die bittere Geschichte des Menschen, der um seinen Namen nicht mehr weiß, weil er jenen Namen verraten hat, in welchem der seinige begründet ist. Er geht herum und fragt: Wer bin ich ? – und bekommt keine Antwort. Denn was wird ihm doch alles geantwortet! Welche Torheiten, welche Widersprüche, welche Selbstüberhebung ...

Gott aber läßt den Menschen nicht fallen. Schon daß dieser am ersten furchtbaren Stoß der Empörung und ihrer Lüge nicht zu Grunde gegangen ist, war Gnade, Beginn der Erlösung. Wie dann, nach endlosem Harren in Ferne und Finsternis, die gesetzte Zeit kommt, ruft Gott den Menschen an. Es ist das Ereignis, mit dem die unmittelbare Geschichte der Erlösung beginnt, die Berufung des Moses.

Der weidet seine Herde in der Wüsteneinsamkeit des Horeb. In dieser Stille, deren Mächtigkeit wir lärmigen Stadtbewohner uns weder vorstellen können, noch auch zu ertragen vermöchten, kommt ihm eine Vision: er sieht ein Dorngebüsch brennen, aber es verbrennt nicht, und aus den Flammen redet ihn jene geheimnisvolle Gestalt an, von der nur die ersten Bücher der Schrift sprechen, der „Engel des Herrn", Bote Gottes und zugleich irgendwie Er selbst. Dieser gebietet ihm, das geknechtete Israel aus Ägypten herauszuführen. Moses erschrickt über den Auftrag, aber er nimmt den Befehl an, und um sich vor dem Volk ausweisen zu können, fragt er, wie der Anrufende heiße. „Da sprach Moses zu Gott: ‚Siehe, wenn ich nun zu den Söhnen Israels komme und sage: der Gott eurer Väter hat mich zu euch gesandt, und sie mich fragen: welches ist sein Name? was soll ich ihnen dann antworten?' Gott sprach zu Moses: ‚Ich bin der Ich-bin!' und sprach weiter: ‚So sollst du zu den Israeliten sagen: Der Ich-bin hat mich zu euch gesandt'." (Ex 3,13–14)

So lautet, von Ihm selbst ausdrücklich genannt, der Name Gottes: „Der Ich-bin". Geheimnisvoller, beunruhigender Name – sehen wir aber genauer zu, dann bringt er das, was wir soeben bedacht haben, ins Offene.

Zuerst bildet er eine Abweisung jedes Namens, der von der Erde her genommen werden könnte. Dann aber macht er die Weise, wie Gott ist, zum Namen, nämlich die Tatsache Seines Stehens im eigenen Wesen und Seines Waltens aus eigenem Recht. Dieses Stehen und Walten geschieht nicht irgendwo, im Allgemeinen, im Raum der Ideen, sondern jetzt, hier, mit Bezug auf Moses und die nun beginnende heilige Geschichte. Gott heißt also „Jahwe": „Der, der hier ist und handelt." Die griechische Bibel übersetzt den Namen mit „Kyrios"; die lateinische mit „Dominus"; die deutsche sagt „der Herr".

Durch die Nennung des Gottesnamens wird aufs neue auch der Mensch benannt. Er ist kein Naturwesen, sondern steht von Anfang an in Geschichte, denn er ist im Anruf geschaffen. So ist Gott für jeden Menschen „der, der hier ist"; „hier", das heißt, am Ort von des Angerufenen Existenz. Richtiger gesagt: der dem Menschen den Ort seiner Existenz anweist, nämlich „vor Ihm“! Auf diesen Ort muß der Mensch sich stellen, immer neu, im beständigen Gehorsam des Geschaffenseins; dadurch verwirklicht er sich. Verläßt er ihn, dann fällt er ins Ortlose, trotz aller Macht und Leistung – genau das, was der heutige Mensch erfährt.

Gott ist Herr; aus einer Vollmacht, die keiner Legitimierung bedarf. Der Mensch aber ist legitim nur von Gott her, im Sein wie im Recht. Das ist sein Name. Wenn er ihn verläßt, dann entsteht das wilde Geschöpf, das Autonomie beansprucht, in Wahrheit keine hat, sie durch Lüge zu erlisten und durch Gewalt zu erzwingen sucht, ob es nun der Einzelne ist, der so tut, oder der Staat. Mutet einen die Geschichte nicht manchmal wie die Kette der Verhängnisse an, in welcher der Wille des Menschen, Herr aus Eigenem zu sein, ihn immer aufs neue führt? Während er Herr doch nur aus Lehen ist, weil Gott ihm die Welt in die Hand gegeben hat, und er über alles, was er mit ihr tut, Rechenschaft geben muß?

Moses ist eine der größten Gestalten der Geschichte; nur der Widerwille gegen die Offenbarung hat bewirkt, daß er nicht als solche im allgemeinen Bewußtsein steht. Er führt das Volk Israel aus Ägypten hinaus. Am Sinai gibt er ihm von Gott her Gesetz und Verfassung. Aus der Vertrautheit, die ihm gewährt worden, bittet er dann, Gott möge ihm doch offenbaren, wer Er sei, auf daß er im Innersten belehrt werde. So heißt es denn im vierunddreißigsten Kapitel des Buches Exodus: „Da fuhr der Herr in der Wolke herab und trat daselbst neben [Moses] und nannte den Namen des Herrn. Dann ging der Herr an ihm vorüber und rief: ‚Der Herr, der Herr – ein Gott, barmherzig und gnädig, langmütig und reich an Huld und Treue; der Gnade bewahrt bis ins tausendste Geschlecht; der Schuld und Frevel und Sünde vergibt, aber sie nicht ganz ungestraft läßt, sondern die Schuld der Väter an Kindern und Kindeskindern ahndet bis ins dritte und vierte Geschlecht.'" (5–7)

Die Stelle wird oft falsch angeführt. Gewiß, Gott ahndet das Böse bis ins dritte und vierte Geschlecht – die Solidarität der alten Sippe macht sich geltend – aber Er vergilt die Treue mit Huld bis ins tausendste! Abermals offenbart sich Gottes Herrentum; nun aber als Souveränität der Gnade. Daß Er so gesinnt sei, wissen wir von uns aus nicht. Wenn so zuversichtlich gesagt wird, Gott und seine Eigenschaften könnten aus der Welt erkannt werden, ist es oft sehr leichthin gesagt. Damit der Mensch es wirklich könne, müssen Bedingungen erfüllt sein; er muß – so steht es in der Bergpredigt (Mt 5,8) – ein reines Herz und ein erleuchtetes Auge haben; muß fähig sein, durch Schein und Verwirrung hindurch zu blicken und verstehen, was Geschichte ist – das alles wird aber meistens über der bloßen Logik vergessen. Das Bild der Welt und des menschlichen Daseins sieht nicht nach der Herrschaft eines gütigen Gottes aus. Zu behaupten, es sei doch so, ist fromme Rhetorik; unwahr in dem Munde, der sie von sich gibt, und verhängnisvoll für den, der echte Antwort haben möchte. Daß Gott wirklich, trotz der Undurchsichtigkeit und Grausamkeit des Daseins, der Herr der Gnade ist, sagt uns hier Er selbst. An dieses Wort können wir uns halten und Ihn erinnern: Herr, Du hast gesagt, daß es so ist; erweise Deine Gnade an uns!

An diesem Gottesnamen aber – „Herr der Gnade" – wird der Name des Menschen noch einmal deutlicher: er ist Jener, der aus der Gnade Gottes lebt.

Die Genesis beginnt mit den Worten: „Im Anfang schuf Gott den Himmel und die Erde." Noch ein anderes Buch in der Schrift beginnt mit den Worten „Im Anfang": das Evangelium des Apostels Johannes. Da heißt es: „Im Anfang war das Wort", der Logos, „und das Wort war bei Gott, und das Wort war [selbst] Gott." Der Satz spricht vom Geheimnis der Innerlichkeit Gottes und sagt, darin sei nicht Starrnis noch Eintönigkeit, sondern allreiches Leben, Erkenntnis und Liebe und Fruchtbarkeit, Ich und Du, Umgang von überbegreiflicher Innigkeit.

Aus diesem Geheimnis kommt „Einer" zu uns. Er wird Mensch und tut sich als Gottes Sohn kund. Dadurch wird Gott als „der Vater" geoffenbart – wie denn Jesus von Ihm fast immer als vom Vater spricht, „seinem Vater und unserem"; Vater eines neuen Lebens, das Er uns gibt, wenn wir in Glaubensgemeinschaft mit Jesus treten. Dieser Vatername enthält die Ur-Herrlichkeit des Schöpfers und Urbildes; die Macht Dessen, der sich auf dem Horeb Jenen genannt hat, „der da ist" und die unerschöpfliche Güte des Herrn der Gnade. Alles das strömt in die Größe und Innigkeit des Vaternamens ein.

Von daher bekommt auch unser Name eine neue Tiefe: wir sind dieses Vaters Kinder, Söhne und Töchter; so wirklich, daß Johannes von denen redet, die „aus Gott geboren sind"; Paulus aber von der Erwartung, einst, in der Auferstehung, werde an uns die ganze Herrlichkeit dieser Gotteskindschaft offenbar werden (Röm 8,24).

So lautet also Gottes Name: der im Urbild Existierende; der Herr Seiner selbst und der Welt; Herr der Gnade und Vater des ewigen Lebens. Wir Menschen aber haben am Namen Gottes den unseren: wir sind Jene, die im Ebenbild existieren, die im Anruf stehen, aus Seiner Gnade leben. Seine Söhne und Töchter sind, und deren erstgeborener Bruder Jesus ist.

Das ist unsere Wahrheit. Sie besagt, daß unser Name an den Namen Gottes gebunden ist. Wir sind unseres Wesens nur gewiß, wenn wir von Ihm wissen. Blicken wir doch in die Geschichte, wie der Mensch die Frage nach sich selbst beantwortet, sobald er von Gott wegsieht. Der Eine sagt: Der Mensch ist differenzierte Materie ... der Andere: er ist autonomer Herr seines Daseins ... ein Dritter: er ist identisch mit dem Absoluten ... wieder Einer: der Mensch ist zwar ein endlich-preisgegebenes Wesen, aber er steht in furchtbarer Freiheit und muß in jedem Augenblick sein eigenes Sein bestimmen ... ein Letzter: er ist nichts als eine Funktion der Gesellschaft, ein Werkzeug des Staates ... Graut einem nicht vor dem Chaos? Einem Chaos, das nicht von der Art jener guten Verwirrung ist, wie sie am Anfang einer neuen Frage herrscht, um dann vom Denken schrittweise geklärt zu werden, sondern einer bösen, zerstörenden, die sich immer neu erzeugt? Von der man vielleicht sogar sagen muß, daß sie zunimmt? Jedenfalls war sie in der Neuzeit bei allem Fortschritt exakten Wissens größer, als im Mittelalter, denn das hat solch tödlichen Widersinn über den Menschen nicht gedacht; und ob sie sich in der kommenden, noch nicht benannten Epoche lichten wird, mag füglich bezweifelt werden. Warum ist aber der Mensch trotz all des Fortschritts sich selbst so unbekannt und wird es immer mehr? Weil er weithin den

Schlüssel zum Wesen des Menschen verloren hat. Das Gesetz unserer Wahrheit sagt, daß der Mensch sich nur von über ihm herab erkennt, von Gott her, weil er nur von Ihm her existiert. Hinter jeder falschen Aussage über den Menschen steht eine falsche Aussage über Gott.

Der verkehrte Begriff vom Menschen hat aber auch immer ein verkehrtes Lebensverhältnis erzeugt. Er hat dazu geführt, daß der Mensch den Menschen vergöttert oder entwürdigt, ihn verwöhnt oder ihn mißhandelt. Wir sehen es ja überall in der Welt! Er hat den Halt verloren, an dem sein Wesen hängt, den Namen des Lebendigen Gottes: dadurch ist er in eine Unwahrheit geraten, aus der ihn keine Philosophie noch Politik herausbringt.

So verstehen wir, daß die erste Bitte im Herrengebet Gott anruft, sein Name möge heil bleiben unter uns.

II
Die Heiligung des göttlichen Namens

Wir haben angefangen, über die erste Bitte des Herrengebetes nachzudenken, welche lautet: „Geheiligt werde Dein Name!“ Und es ist des Bedenkens wert, daß unter den sieben Bitten, die unser zeitliches und ewiges Leben umfassen, am Anfang die steht, Gottes Name möge geheiligt werden. Es erinnert uns daran, daß unser Dasein, wir mögen uns dessen bewußt sein oder nicht, mögen zustimmen oder widerstreben, bis in seine Tiefe durch unser Verhältnis zu Gott bestimmt wird. In der gleichen Bergpredigt, in der auch das Herrengebet steht, spricht Jesus von der Vorsehung und sagt:

„Trachtet zuerst nach dem Reiche Gottes und seiner Gerechtigkeit und das alles" – alles für das irdische Dasein Nötige – „wird euch zugegeben werden." (Mt 6,33) Was „das Reich" ist, soll uns noch eingehend beschäftigen; hier ist die Ordnung wichtig, von der gesprochen wird, und die alles Sorgen und Suchen ins rechte Verhältnis bringen soll: zuerst Gottes Reich, dann alles Andere. Eben dadurch aber, daß Sein Reich zuerst gesucht wird, ist „alles Andere" gewährleistet. Die gleiche Ordnung erscheint auch im Aufbau des Herrengebetes. So bestünde wohl Anlaß, uns zu prüfen, ob denn das Schicksal des heiligen Namens für uns wirklich Gegenstand der ersten und wachesten Sorge sei. Wagen wir es aber, die Frage im Ernst zu stellen? Müssen wir sie nicht sofort in beschämender Weise dahin einschränken, ob wir hier überhaupt eine wirkliche Sorge empfinden?

Gottes Name ist uns also geoffenbart, und wir können ihn nennen. Er weist uns den Ort unseres Daseins an, denn durch ihn werden wir unseres eigenen Wesens inne. Wenn wir Gott richtig nennen, nennen wir richtig uns selbst. Daher sollen wir wissen, und betend immer neu als Grundwahrheit alles Daseins bekennen, daß Er Urbild und Schöpfer ist, wir aber im Ebenbild Geschaffene; Er der Herr von Wesen, wir aber Gerufene und Gehorchende; Er der Herr der Güte, wir aber lebend aus seiner Gnade; Er der Vater, wir aber, in Christi Gemeinschaft, seine Söhne und Töchter und also Geschwister zu einander. Sich lauteren Herzens in dieser Ordnung zu halten, ist das, was die Schrift die „Furcht Gottes" nennt. Soviel wir sie verwirklichen, werden wir wirklich wir selbst; soviel wir von ihr abweichen, verlassen wir unser Wesen und verlieren unseren Sinn.

Wenn wir zu Gott sprechen wollen, wissen wir also, wie wir Ihn zu nennen haben... Aber halten wir doch noch einmal inne. Haben wir nicht schon erfahren, daß wir uns anschickten zu beten, und plötzlich überwehte es uns: Wie komme ich dazu, überhaupt Gott anzureden? „Du" zu Ihm zu sagen? Ist das nicht Frevel? Ja noch mehr: Hat ein solches Reden überhaupt einen Sinn? Ist denn jemand da, der hört? Wenn aber jemand da ist – ist es dann wirklich Er? Alles Anreden ist doch ein Rufen, und alles Rufen läßt sich ein – mit wem lasse ich mich da ein, in jener inneren Offenheit und Wehrlosigkeit, welche „Beten" heißt? Denken wir an die beunruhigende Stelle in Augustins „Bekenntnissen", wo er bittet, Gott möge sich ihm bezeugen, damit er wisse, wen er rufe, „könnte es doch sein, daß einer ein Anderes riefe, als er meint, wenn er in Unwissenheit ruft" (I,1). Und es wäre schon wirklich Anlaß zu einem Scheuwerden und Innehalten, denn was haben die Menschen alles gerufen, behauptend, sie riefen Gott!

Dadurch aber, daß Jesus uns die Worte gegeben und nicht nur gesagt hat: So dürft, sondern: so sollt ihr beten, hat Er die Frage beantwortet – sie, die eine Frage der Wahrhaftigkeit sein kann, aber auch eine solche der Schwäche, oder der Trägheit, oder der Flucht. Dadurch hat Er gesagt: Wenn du diese Worte sprichst, bist du in der Wahrheit. Wenn du diesen Namen rufst, rufst du den Lebendigen Gott, deinen Vater. Und was sich dir dann zuwendet, ist seine Liebe.

Die erste Bitte sagt also, Gott möge geben, daß sein Name geheiligt werde. Doch was heißt das? Wenn wir die Schrift fragen, worin die Eigenschaft bestehe, die alles bestimmt, was zu Gott gehört, sein Unduldend-Eigenstes und der Duft seiner

Nähe, dann antwortet sie: die Heiligkeit. Wieder aber, was bedeutet das: Heiligkeit? Versuchen wir, ob es möglich ist, etwas über sie zu sagen, ohne allzu töricht zu reden.

Gottes Heiligkeit bedeutet vor allem, daß mit Ihm nichts zusammengenommen werden darf, was gemein, niedrig, unedel ist. Mehr: sie bedeutet, daß Gott nicht „weltlich" ist, sondern anders als alles, was Welt heißt; geheimnisvoll enthoben und unnahbar. Kein Begriff drückt Ihn aus. Keine Gewalt kann Hand auf Ihn legen. Sobald Er sein Geschöpf anrührt, erschauert es.

Gottes Heiligkeit bedeutet weiter, daß sich in Ihm nichts Böses findet, keine Lüge, keine Ungerechtigkeit, keine Gewalttat, keine Unreinheit, sondern daß Er gut ist. Dieses Gute ist aber kein Gesetz, das über Ihm stünde, und Er genügte ihm in der vollkommensten Weise, sondern Er ist es selbst. Wer vom Guten redet, redet von Ihm. So erwidert denn auch der Herr dem Jüngling, der Ihn ehren will: „Was nennst du mich gut? Niemand ist gut, außer dem Einen, Gott." (Mk 10,18) Die Gutheit ist aber in Ihm nicht nur Gesinnung, sondern Wirklichkeit; nicht nur Meinen und Streben, sondern Sein. Gutheit und Wirklichkeit sind in Ihm eins, und aus dieser Einheit bricht ein Leuchten: das ist die Heiligkeit.

Wir erinnern uns der Worte im „Sanctus" der Messe: „Heilig, heilig, heilig der Herr, der Gott der Scharen!" Sie stammen aus der Vision, durch die der Prophet Isaias berufen wurde. Da erscheint der Herr, „sitzend auf einem hohen und erhabenen Thron, und die Säume [seines Gewandes] füllen den Tempel". Seraph-Engel, mächtige Wesen, jedes geheimnisvoll sechsfach beflügelt, umgeben Ihn. Vom Schauer seiner Hoheit erschüttert, verbergen sie ihr Angesicht und rufen Gottes Heiligkeit aus: „Alle Erde ist Seiner Herrlichkeit voll!“ Die Erschütterung greift auf Stein und Bauwerk über, und „die Grundlagen der Tempelschwellen erbeben.“ Auf den Propheten aber fällt der Schrecken des schuldigen Menschen vor der Gegenwart des heiligen Gottes: „Da sprach ich: ‚Weh mir, ich bin verloren! Denn ein Mann mit unreinen Lippen bin ich, und wohne unter einem Volke mit unreinen Lippen, und meine Augen haben den König, den Herrn der Heerscharen gesehen.‘“ (Jes 6,1–5)

Welches Bild! Die Heiligkeit, in welcher Gutheit und Wirklichkeit, Gesinnung und Macht eins sind, leuchtet. Dieses Leuchten ist die Herrlichkeit Gottes, „Gloria Domini“, furchtbar dem Wesen, das sich schuldig weiß.

Die erste Bitte liegt Gott an, seine Heiligkeit möge in Ehren gehalten werden. Doch wir wollen genau sein; denn sie sagt noch mehr: Gottes Name, das heißt also Er selbst, möge „geheiligt“ werden. Um das zu verstehen, müssen wir von dem ausgehen, was die Grundlage unseres Glaubens überhaupt bildet.

Was sollte, denkt man, aus Gottes Heiligkeit, die Herrlichkeit ist, eigentlich folgen? Doch wohl, daß Er in jenem „unzugänglichen Licht“ bliebe, in das, wie Paulus sagt, „kein Zugang ist“ (1 Tim 6,16). In Wahrheit ist Gott, kraft eines Ratschlusses, der unserem Urteil entzogen ist, zu uns gekommen. Am Geheimnis dieses Kommens hängt alles. Er meint nicht nur, daß Gott „überall“ ist, also auch bei uns; daß Er „immer“ da ist, also auch in unserer Zeit. Das allein wäre es nicht, wofür unser Glaube so staunend, und doch wieder in so tiefem Einverständnis dankt. Denn wenn wir nur sagen:

Gott ist hier, dann schreitet seine Über-Räumlichkeit ja doch sofort über dieses „Hier" hinaus und entzieht sich ins Unzugängliche. Ebenso, wenn wir sagen: Er ist jetzt unter uns, denn dieses „Jetzt" zergeht vor seiner Majestät, und Er enthebt sich in seine Ewigkeit. Gott tut aber mehr als das; geheimnisvoll Größeres. Er kommt, wenn man so sagen darf, über die Grenze, die uns von Ihm scheidet, herüber und ist nun „bei uns". Er teilt unser Dasein und „wohnt unter uns".

Die ganze Geschichte des berufenen Volkes kreist um das Ungeheure, daß Gott in seiner Mitte ist, unter ihm wohnt, es führt, seinen Kampf kämpft. Das drückt sich im heiligen Zelt und dann im Tempel aus, die ja in einem ausdrücklichen Sinn „Wohnung Gottes" waren. Nimmt man das aber ernst, dann erhebt sich sofort die Frage, ob denn ein Volk dieses Bewußtsein aushalten könne? Daß der Lebendige Gott, fast möchte man sagen, „leibhaftig" unter ihm wohnt? Drohen da nicht zwei große Gefahren: die eine, daß es die furchtbare Gegenwart nicht mehr ertrage und in die Verantwortungslosigkeit des Heidentums gehe – die andere, daß es versuche, Hand auf dieses Geheimnis zu legen und es magisch zu mißbrauchen? Nach beiden Weisen wäre Gott entehrt; und die Schrift sagt ja, daß Solches wirklich geschehen ist. So wird die heilige Gegenwart mit einem Schutz umgeben, und der ist „das Gesetz". Die Bücher Exodus, Numeri, Leviticus, Deuteronomium zeigen, wie zuerst Gottes eigene Willensäußerung den Kern des Gesetzes verkündet; dann die Führer und Richter des Volkes ihn weiter entwickeln und Vorschrift an Vorschrift reihen. Dieses Gesetz hat man aus den verschiedensten Gesichtspunkten – politischen, soziologischen, hygienischen – zu erklären versucht. Davon trifft sicher manches zu; sein eigentlicher Grund liegt aber nicht darin. Sondern all die Verbote und Gebote sollten die Glaubenden immer wieder aus Vergessenheit und Selbstverständlichkeit aufschrecken und an das Ungeheure erinnern, das ihnen ebensoviel gewährt wie auferlegt war. Das Gesetz sollte eine heilige Mauer um Gott sein, die sowohl Ihn wie die Menschen um Ihn her schützte; jede seiner Vorschriften aber auch ein Tor, das sie zu Ihm führte.

So wurde Gott durch das Gesetz geheiligt. Das Wort meint in der Sprache des Alten Testamentes, daß von Ihm und dem Seinigen das Profane ferngehalten; daß Er mit Scheu und Ehrfurcht umgeben, ebendadurch aber auch der Mensch vor der Glut des Heiligen geschützt wurde, die ihn zerstören mußte, wenn er zu nahe herantrat. Denken wir an das aufs erste Lesen hin so befremdende Geschehnis bei der Wegführung der Bundeslade aus dem Land der Philister: wie sie vom Wagen zu gleiten drohte, ein Nicht-Befugter sie halten wollte, „der Zorn des Herrn aber wider ihn entbrannte" und „ihn schlug" (Chr 13,10). So sagt das Gesetz den Glaubenden immer aufs neue: Hütet euch, in eurer Mitte wohnt Gott! Und nicht nur in der, wenn man so sagen darf, ausgeglichenen Weise der Allgegenwart, sondern in der besonderen, Machtausstrahlenden, die am Sinai begonnen hat. Übet heiligende Ehrfurcht! ... Trat aber der Glaubende, das Unnahbare scheuend, zurück, dann erfuhr er dessen Gnade. Im Maß er die Unterscheidung vollzog, wurde er der Leben spendenden Nähe inne. So oft er sich hütete, das Heilige zu gebrauchen, segnete es ihn. Da aber Gott sein Name selbst ist, wurde auch der Name von Horeb: „Jahwe", was bedeutet: „Er, der in Macht da ist", geheiligt. Seine Nennung wurde mit immer strengeren

Schranken umgeben, bis er überhaupt nicht mehr ausgesprochen wurde, und Umschreibungen an seine Stelle traten.

Im Neuen Bund verschwindet das Gesetz. Der Name Gottes vertieft sich zu dem des Vaters. In das Gebet aber, das den Seinen zur Form ihres Gottesumgangs werden soll, nimmt Jesus jene Grundforderung der alten Frömmigkeit auf. So mahnt die erste Bitte den Christen, er solle die Sorge um den heiligen Namen in seinem Herzen haben. Solle durch seinen Glauben, seine Liebe, seine ganze innere Haltung den Namen des Vaters heiligen, in ihm selbst wie in seiner Umgebung. Ja, die Bitte sagt, so gesinnt zu sein, bedeute selbst keine aus der Gesinnung des wohlgearteten Menschen erwachsende religiöse Selbstverständlichkeit, sondern Gnade. Es ist die Gnade der Frömmigkeit einfachhin; der Herr lehrt uns ja, um sie zu beten. Und wir dürfen in der Heiligung Gottes nicht nur eine Pflicht sehen, die uns auferlegt, sondern etwas Großes, das uns anvertraut ist. Der aber, der es uns anvertraut, gibt uns Einsicht und Herzenskraft, seinem Vertrauen zu genügen.

Doch wir müssen noch einmal tiefer in die Herrenworte eindringen, um zu ihrem vollen Sinn zu gelangen. Es heißt nämlich nicht: gib uns, daß wir Deinen Namen zu heiligen vermögen, sondern: daß er geheiligt werde, das Geheimnis der Heiligung sich vollziehe. Im Grunde ist das Heiligen also gar kein Akt des Menschen, sondern Gottes selbst. Er ist es, der sich im Menschen heiligt. Er bezeugt sich dem Menschen als der Wesenhaft-Heilige und macht, daß dieser sich „im Schauer der Anbetung“ neige. Darin wird ihm deutlich: Gott allein ist Gott; ich bin geschaffen. Er allein ist heilig; ich bin sündig. Diese Deutlichwerdung stellt den Menschen in die

Wahrheit seiner Existenz. Sie ist die Grundgnade des erlösten Daseins, und der Herr lehrt uns, vor allem anderen um sie zu beten.

Und wie nötig ist Gottes Hilfe, soll sein Name heilig bleiben! Vergegenwärtigen wir uns doch, wie über Ihn gesprochen wird: von ganzen und halben und Viertelphilosophen; von Dichtern und Politikern, Schreibern und Wortemachern aller Art! Was würden wir empfinden, wenn von einem Menschen, den wir lieben, so gesprochen würde, wie von Gott? Und sehen wir selbst von den Leugnungen und Lästerungen ab, die immer schamloser werden – der Name Gottes ist ja weithin zu einer bloßen Betonungssilbe geworden. Wenn einer fragt: Gefällt dir das? antwortet der andere: „Gott ja!" Nachhall eines Wortes, das einst mit Schauer berührte.

Gott hat alle Dinge in ihr Wesen und ihre Wirklichkeit gestellt – die Dinge und uns Menschen. Alles ist nur, weil Er es hält. Wenn wir fragten: Was ist? dann würde die erste Antwort lauten: Er, Gott. Er ist einfachhin und durch sich selbst; wir und alles, was Welt heißt, sind nur durch Ihn und vor Ihm. So müßte Er eigentlich überall hindurchleuchten. Die Dinge müßten blühen von Ihm. Statt dessen ist alles stumpf und stumm. Wie kann das sein? Hat uns nicht schon einmal das Staunen darüber berührt, daß Gott ist, und man leben könne, als wäre Er nicht? Welch harte Mauer muß, in all seiner Armseligkeit, der Mensch sein, daß er Gott hindert, herauszuleuchten!

Seine Großmut hat aber gewollt, der Mensch solle frei sein; wirklich frei, also tun können, wie er will, auch wider den heiligen Willen. So hat Gott gleichsam an sich gehalten; hat dem Menschen Raum gegeben, damit er Ja sagen könne und Nein

– mit dem Vertrauen des wahrhaft großen Herrn, der Freigegebene werde den Gott, der ihn in so hoher Weise ehrt, seinerseits in Ehren halten. Der Mensch aber hat Nein gesagt; da ist solches Dunkel auf die Welt gefallen, solche Verwirrung in sie eingedrungen, daß der Mensch leben kann, als ob Gott nicht wäre; Philosophien ausdenken, welche diese Leugnung zur Grundlage ihres Systems machen; eine Politik treiben, die als Voraussetzung für alle Macht und Wohlfahrt den Glauben auslöscht ... Wahrlich: „*mysterium iniquitatis*: Geheimnis des Bösen!"

In großem Ernst wollen wir Gott bitten. Er möge Seinen Namen heiligen, in uns und durch uns, damit von daher Licht werde in der kalten Unwahrheit, die überall herrscht. Wollen nie vergessen, daß nur in der Heiligung des Gottesnamens der Mensch heil bleibt. So oft im Gang der Geschichte der Name Gottes mißhandelt oder vergessen wird, wird mißhandelt und vergessen der Name des Menschen. Eine ihre Grenzen überschreitende Wissenschaft sieht im Menschen die höchst entwickelte Tierart; eine blinde Kulturphilosophie nimmt ihn für ein ökonomisches oder soziologisches Wesen; schließlich ist der Totalismus gekommen und hat ihn zum Material für seine Machtzwecke gemacht. Es ist wohl nötig, daß wir die Bitte des Vaterunsers sprechen!

Wir wollen Gott rufen, daß Er uns in Geist und Herz groß werde. Der 67. [68.] Psalm beginnt mit den Worten: „Gott steht auf, seine Feinde zerstieben" – ja, so wollen wir Ihn rufen: Steh auf, Herr, in meinem Leben! Laß nicht zu, daß alles Mögliche in mir wirklich sei, nur Du nicht. Daß ich den Tag hindurch an tausend Dinge denke, nur nicht an Dich. Mich morgens und abends mühsam an Dich erinnern müsse, und wieder schnell von Dir weglaufe. Sei Du in meinem Leben Jener, der wahrhaft wirklich ist, und heilig ist, und Herr!

Wer die Einigkeit und Kraft des Herzens hätte, könnte das Gebet des ganzen Lebens mit der Bitte bestreiten: „Herr, steh auf in mir!“ Sie würde alles in Ordnung bringen: die Normen, die Werte, die Aufgaben. Sie würde unterscheiden zwischen Groß und Klein, Echt und Unecht, Sein und Schein. Zu einem Gebet von solcher Macht sind wir aber nicht im Stande; so wollen wir Gott denn bitten nach unseren kleinen Kräften. Bitten wir Ihn, Er wolle uns die Herzenshaltung schenken, die aus der Kenntnis seines Namens kommt: die Furcht Gottes. Nicht die Furcht vor Ihm, die ist Krankheit, sondern Seine Furcht. Das Erfülltsein von Seiner Wirklichkeit; das Berührtsein von Seiner Heiligkeit. Das ist wirklich „der ganze Mensch“.

„Zu uns komme Dein Reich“

I
Das Reich Gottes im Alten Testament

Die zweite Bitte des Herrengebetes lautet: „Zu uns komme“, genauer: „Es komme Dein Reich!“ Das Wort vom Reiche Gottes ist ein Grundwort der Botschaft Jesu und ein Schlüsselwort für sein Schicksal; wir wollen seiner Bedeutung sorgfältig nachgehen.

Es steht schon über den frühen Kinderjahren des Herrn. Im Evangelium des Matthäus lesen wir, wie die Magier aus dem Morgenlande fragen: „Wo ist der neugeborene König der Juden? Wir haben seinen Stern im Morgenland gesehen und sind gekommen, Ihm zu huldigen.“ (2,2) Sie sprechen das Wort vom Reich und seinem Herrscher, und die Wirkung ist, daß jener, der augenblicklich die Macht hat, Herodes, Gefahr wittert, Maßnahmen anordnet, und die Eltern das Königskind nach Ägypten bringen, um es vor der Gewalt zu bergen.

Auf die Rückkehr folgt eine lange stille Zeit in Nazareth. Wie dann Jesus zum ersten Mal die Botschaft verkündet, geschieht es mit den Worten: „Die Zeit ist erfüllt, und das Reich Gottes ist herbeigekommen. Sinnet um und glaubet an die Frohe Botschaft!“ (Mk 1,15) In der Folgezeit kündet Er immer wieder in eindringlichen Gleichnissen vom Reiche Gottes – wir werden von ihnen noch eingehend zu sprechen haben. Schließlich sammelt sich aber der Haß seiner mannigfachen Feinde, und es ist das Reich Gottes, um dessentwillen Er angeklagt wird. Im Johannesevangelium lesen wir, wie Pilatus, der römische Richter, im Verhör fragt: „Du bist der König der Juden?" Jesus vergewissert sich, was der Prokonsul meint, um sich dann auf dessen neue Frage zu seinem Königtum zu bekennen; fügt aber hinzu: „‚Mein Reich ist nicht von dieser Welt' ... Sagt Pilatus zu Ihm: ‚So bist Du ein König?' Jesus antwortet: ‚Du sagst es, Ich bin ein König. Dazu bin Ich geboren und dazu in die Welt gekommen, daß Ich für die Wahrheit Zeugnis gebe. Jeder, der aus der Wahrheit ist, hört meine Stimme.' Sagt Pilatus zu Ihm: ‚Wahrheit – was ist das?'" Der Erfahrene sieht, dieses Reich und Königtum ist von anderer Art, als was die Nationalisten der Zeit darunter verstehen; trotzdem gibt er dem Druck nach und verurteilt Jesus als Aufrührer gegen den politischen Herrscher zum Tode. Auf das Kreuz aber läßt er die Aufschrift setzen: „Jesus, der Nazarener, der König der Juden." (18,33–38; 19,19)

Was ist das, dieses Reich, für das Jesus in den Tod gegangen ist?

Die früheste Kunde davon steht im Bericht über den Ursprung aller Dinge, der Genesis. Dort heißt es: „Und Gott schuf den Menschen nach Seinem Bilde, nach dem Bilde Gottes schuf Er ihn, als Mann und als Weib schuf Er sie. Und Gott ... sprach zu ihnen: ‚Seid fruchtbar, und mehret euch, und erfüllet die Erde, und machet sie euch untertan, und herrschet über die Fische des Meeres, über die Vögel des Himmels und über das Vieh und über alle Tiere, die sich auf der Erde regen!'" (1,27–28)

Gott ist der Ur-Ewige, Inbegriff alles Seins und Sinnes. Er macht den Menschen zu Seinem Ebenbild, und diese Ebenbildlichkeit bestimmt der heilige Text als eine solche der

Herrschaft: Gott ist Herrscher von Wesen; der Mensch soll es sein von Gnaden. Gott übergibt Seinem Geschöpf das, was an sich nur Ihm gehört: die Welt. Sie soll des Menschen Reich sein, und die Gestalt dieses Reiches ist das Paradies. In ihm handelt es sich weder um ein Märchen, noch um ein Kinderland der frühesten geschichtlichen Entwicklung, sondern um Ernst und Wirklichkeit. Es ist die Welt, hineingegeben in die Verantwortung des mit Gott verbundenen Menschen. Dadurch, daß dieser, in reinem Gehorsam gegen Gott lebend, sie zum Menschenreich machen würde, sollte sie zum Reich Gottes werden. Etwas von unausdenklicher Größe also; getragen von Gottes Gnade und dem Ernst des ungebrochenen Menschengeistes, erfüllt von allem Reichtum des Lebens und Schaffens, geadelt durch kühne Freiheit – aber in jener Wahrheit verwirklicht, die allein das Sein echt und das Tun fruchtbar macht, nämlich im Gehorsam gegen den ersten Herrn.

In diese heilige Möglichkeit dringt der Empörer von Anbeginn, und es gelingt ihm, den Menschen in seine eigene Auflehnung zu ziehen. Er redet ihm ein, was von da ab die Botschaft des Unglaubens durch alle Zeit sein wird: Der Mensch könne nur dann wirklich Herr der Welt und seiner selbst nur werden, wenn er Gott den Gehorsam aufsage. Dann werde die Welt sein, des Menschen, nicht Gottes Reich werden. Mit einer Torheit, von der wir nicht verstehen, wie sie möglich sei, hört der Mensch auf ihn und empört sich gegen Gott, um sogleich, in der Scham schuldig gewordener Nacktheit, zu erkennen, daß er betrogen ist. Doch das Reich ist zerbrochen.

Es folgt die lange, dunkle Zeit, über die wir so wenig wissen. Von ihr spricht aber ein Zeugnis, das sind die dunklen Ängste im innersten unseres Gemütes. Denn die kommen letztlich nicht aus Zuständen früher Bedrohung durch eine noch übermächtige Natur, schon gar nicht aus Rückständen vorausgehender tierischer Entwicklungsstufen, sondern aus einem Bruch im Kern unserer Person.

Doch Gott öffnet einen neuen Anfang. Sein Ratschluß erwählt einen Mann nach seinem Herzen, Moses. Diesem offenbart er sich auf dem Horeb als Herrn aller Macht und sendet ihn, das Volk Israel aus Ägypten, dem „Haus der Dienstbarkeit", herauszuführen, denn wieder soll heiliges Reich werden. Das geschieht. Wie der 113. [114.] Psalm von dieser Befreiung spricht, sagt er: „Als Israel aus Ägypten zog, Jakobs Stamm aus dem fremden Volk, ward Juda zu Gottes Heiligtum; zu Seinem Reiche ward Israel." Am Sinai schließt Gott mit ihm den geheimnisvollen Bund; es „soll Sein Volk, und Er will sein Gott sein". Durch Moses gibt Gott seinem Volke Verfassung und Lebensordnung; darin ist aber von keinem Oberhaupt die Rede. Niemand soll dort stehen, wo sonst im Leben der alten Völker der König steht, denn Gott will selbst der König dieses Volkes sein. Er will es selbst führen. Des Volkes Taten sollen Gottes Taten, des Volkes Ehre die Ehre Gottes sein.

Das ist etwas nicht nur Großes, sondern schlechthin Einzigartiges; wir wollen uns klar machen, was es bedeutet. Was hier begonnen hat, ist wirkliche Geschichte, eines wirklichen Volkes in dieser wirklichen Welt, jedoch anders sich vollziehend, als sich sonst Geschichte vollzieht. Sonst ist da ein Volk mit seiner ethnologischen Eigenart, hat seine Möglichkeiten und Grenzen und sucht seinen Platz in der Welt zu erringen. Es nimmt von einem Land Besitz, schafft sich seine Ordnung, arbeitet, behauptet sich. Kriegerische Fähigkeiten großer Führer, politische Begabung eines Herrscherhauses fassen die im Volke liegenden Kräfte zusammen, formen und sichern sie. So entsteht aus den natürlichen Anlagen des Volkes, aus den Möglichkeiten des Landes, aus Leistungen der Tapferkeit und Beharrungskraft das, was wir Geschichte nennen – so viel gelingend, als natürliches Schicksal gewährt.

Beim Volke Israel sollten die Dinge sich nicht so zutragen. Seine Geschichte sollte aus Gottes beständig wirkender Gnade und des Volkes Glauben an Ihn hervorgehen ... Nun könnte man sagen, die Geschichte jedes Volkes müsse aus Glauben hervorgehen, denn an Gottes Gnade hänge doch alles. Gewiß, doch nicht so wie hier; sondern was sonst aus eigenem Instinkt und Wagnis, aus politischer Erwägung und kriegerischem Entschluß entspringt, soll sich hier aus der unmittelbaren Weisung Gottes verwirklichen. Ist das aber vor jeder natürlich-politischen Einsicht und Erfahrung nicht einfach Unsinn? Nein, kein Unsinn, sondern einzigartige göttliche Gewährung – und, freilich, auch Zumutung in einem.

Daraus sollte nämlich Reich Gottes, Königtum des Herrn der Welt hervorgehen. Immer neu sollten von Ihm her Menschen erstehen, Führer, Propheten, Gesetzgeber, Richter, Weise und sagen: „Also spricht der Herr!“ Moses zuerst; Josue nach ihm; darauf die Reihe derer, die wir „die Richter“ nennen, und von denen Samuel der letzte war; dann Gestalten, jenen gleich, deren Stimme wir im Alten Testament verkündend, mahnend, strafend vernehmen: Elias, Nathan, Isaias, Jeremias und so fort. Das Volk sollte ihnen glauben, vertrauen, gehorchen und in der Verwirklichung dieses Unerhörten wäre es zu einer nirgends, auch nicht in den höchststehenden

Völkern erhörten heiligen Größe herangereift. Es wäre auch keine „Theokratie" gewesen, wie die Geschichte sie als Verfassungsform kennt, sobald Priester an der Spitze stehen, ebensowenig wie Monarchie, oder Oligarchie, oder was immer; vielmehr Reich Gottes als Form von Geschichte.

Aber noch einmal gefragt: Ist etwas Derartiges denn möglich? Handelt es sich da nicht doch um eine Sage aus völkischer Frühzeit? Kann der Ewig-Allmächtige, dessen Wesen und Leben ja doch den Charakter des Absoluten trägt, mit Derartigem zusammengedacht werden? Daß Er alles Geschehen durchwaltet und es auch, vom schöpferischen Ursprung her, letztlich wirkt, ist verständlich – soweit in diesen Beziehungen von Verstehen die Rede sein kann. Verständlich auch, daß Er in jedem Menschenherzen das Rechte bezeugt, das Gewissen anruft und dadurch führt. Doch, daß Er gerade hier und jetzt und in diesem Zusammenhang nicht nur wirkend, sondern handelnd eintritt – hebt das nicht den Begriff des absoluten Gottes auf?

Und außerdem: was so geschieht, fällt doch auf Ihn zurück. Es wird sozusagen zu seinem Schicksal – wir werden gleich sehen, wie sehr; denken wir nur an die Person Jesu, an der sich alles erfüllen wird. Es wird zum Gegenstand seiner, des Allheiligen, Verantwortung; und Verantwortung in einer noch ganz anderen Weise, als die Welt und das Menschendasein es schon dadurch sind, daß Er sie geschaffen und den Menschen in seine Freiheit gestellt hat. Ist es also möglich, dergleichen von Gott zu sagen?

Es gibt eine Periode in der Entwicklung des religiösen Denkens, in welcher, wie es scheint, vom Göttlichen so gesprochen wird, und zwar in der des mythischen Bewußtseins. Da erzählt etwa ein Stadtmythos, wie Poseidon und Aphrodite Troja gründen und fortan für es kämpfen, um schließlich gegen andere Götter zu unterliegen. Hier wird das Göttliche als die religiöse Grundkraft des betreffenden Volkes im Unterschied zu jener der übrigen gesehen; als Macht, die sein geschichtliches Leben schützt, ihm zur Selbstdurchsetzung und zum Gedeihen hilft. Das ist aber etwas ganz anderes, als was im Alten Testament vor sich geht. Da ist nicht von einer numinosen Natur- oder Geschichtsmacht die Rede, die zu dem betreffenden Weltbereich gehörte, sondern vom Lebendigen Gott, der allem Weltsein gegenüber souverän ist.

Nach der mythischen Periode setzt die Arbeit des kritischen und vertiefenden Geistes ein und gewinnt in langer Bemühung die Idee des absoluten Wesens – vielleicht seine größte Leistung, freilich uns so selbstverständlich geworden, daß sie uns gar nicht mehr als solche zum Bewußtsein kommt. Die Idee meint das Vollkommen-Seiende, das aus reiner Wesenhaftigkeit lebt, unberührbar über allen Schicksalen, unangreifbar von allem Wandel. Ein wichtiger Begriff; eine Befreiung von Vorstellungen, die bei allem Tiefsinn und aller dichterischen Kraft im einzelnen doch unwürdig waren. Nicht umsonst hatte sich außer der Wahrheitskritik des Geistes auch der Spott des gesunden Menschensinnes gegen sie gewendet ... Ist aber das, was die Schrift sagt, nicht ein Rückfall in die Weltgebundenheit des Mythos?

Es ist das Gegenteil davon. In Ihm wird uns die höhere Wahrheit kundgetan, reine, gnadengeschenkte Offenbarung:

Daß Gott wohl unaufhebbar der Absolute ist, Er aber die bloße Absolutheit überschreitet. Daß er, der All-Einbegreifende, Immer-Seiende, jeder Begrenzung Enthobene, zugleich fähig und willens ist, persönlich in unser Dasein einzutreten; unter uns eine Geschichte zu führen, deren Verantwortung auf sich zu nehmen und daran Schicksal zu erfahren. Vor allem bloß natürlichen Denken unerhört; in Wahrheit selige Offenbarung. Sie sagt uns: Gott ist so, daß Er das tun kann ... daß es vor Ihm heilig und recht ist ... und daß Er uns in die Beziehung hineinnimmt, die dadurch entsteht.

Die letzte Erfüllung davon ist das Dasein Christi. Vom bloßabsoluten Gott her gibt es keine Menschwerdung. Sie wird erst möglich, wenn in Ihm ein Geheimnis ist, das wir „Liebe" nennen. Nicht nur Huld, sondern nie zu begreifende Gewilltheit, sich für uns in Schicksal zu geben. Dieses Geheimnis besteht; und seiner vergewissert zu sein, ist unser Glaube.

Die Geschichte des Alten Testamentes zeigt uns, wie Gott durch dieses sein Bei-uns-sein und Handeln und Führen bemüht ist, sein Reich aufzurichten – „bemüht", denn es gelingt nicht, die Freiheit des Menschen versagt sich dem heiligen Willen. Im ersten Buch Samuel steht ein erschütternder Bericht. Der Krieg ist seit langem dauernder Zustand. Im Volke selbst herrscht das Faustrecht. Samuel – der letzte aus der Reihe der Richter und erste aus jener der großen Propheten – ist alt geworden, und seine Söhne taugen nichts. Da kommen die Ältesten zu ihm und sagen: „So setze einen König über uns, daß er uns regiere, wie es bei allen Völkern Brauch ist." Die Bedeutung des Ansinnens geht über den Anlaß weit hinaus. In Wahrheit wollen sie nicht mehr, wie bisher, in der unmittelbaren Führung durch Gott, im Geheimnis des unmittelbaren Dienstes an Seinem Reiche stehen. Diese Gottgehörigkeit wird ihnen zu schwer; sie wollen leben „wie alle Völker“. Samuel ist entsetzt und klagt vor Gott; da antwortet der Herr – lassen wir uns die Worte nahekommen; nehmen wir sie nicht „symbolisch“, sondern genau, denn aus ihnen redet das Schicksal des Gotteswillens in der Menschengeschichte –, Er sagt: „So tue denn dem Volke seinen Willen in allem, was sie von dir verlangen. Denn nicht dich haben sie verworfen, sondern Mich, daß Ich nicht mehr König sein soll über sie.“ (1 Sam 8,5–7)

Das ist die erste grundlegende Erschütterung, die Gottes Reich in der Geschichte des Alten Testamentes erfährt. Er aber, Geheimnis der Geduld des Allmächtigen, nimmt die Entscheidung der Menschen an und bewahrt den Ungetreuen die Treue. So soll also fortan der König sein Sachwalter sein.

Saul wird von Gott dazu bestimmt. Er ist ein reckenhafter, großgearteter Mann, aber unbeherrscht und gewalttätig und versagt bei der ersten Erprobung. Das Volk liegt nämlich im Kampf mit dem Erbfeind, den Philistern, und eine entscheidende Schlacht steht bevor. Samuel ist abwesend, hat aber Saul sagen lassen, der Angriff dürfe nicht beginnen, bevor er zurückgekommen sei und das Opfer für den Sieg dargebracht habe – eine der Situationen, in denen die Gottesführung in Widerspruch zur unmittelbaren Vernunft zu treten scheint, und der Mensch sich entscheiden muß. Samuels Rückkehr zieht sich hinaus, die Lage wird immer schwieriger, so folgt Saul seinem militärischen Urteil und vollzieht das Opfer selbst, um den Angriff befehlen zu können. Da erscheint der

Prophet und spricht zum König: „Du hast töricht gehandelt. Hättest du des Herrn, deines Gottes Gebot, das Er dir gegeben, befolgt, dann hätte der Herr dein Königtum über Israel für immer bestätigt. So aber wird dein Königtum keinen Bestand haben. Der Herr hat sich einen Mann nach seinem Herzen erwählt und ihn zum Fürsten über sein Volk bestellt, weil du nicht getan, was der Herr dir geboten hat." (1 Sam 13,13–14)

Dieser Mann heißt David. Die Zeit seiner Regierung ist von Krieg und Gewalt erfüllt; doch er hält Gott die Treue. Sein Sohn – Sohn aus Davids Unrecht an der Ehe des Feldherrn Uria – ist Salomon. Gott schenkt ihm seine Huld, überschüttet ihn mit allen Gaben des Gedeihens und gewährt ihm, den Tempel zu bauen. Im Alter wird Salomon aber von seinen Frauen zum Götzendienst verleitet, und Gott spricht zu ihm: „Dieweil du dies im Sinne gehabt und meinen Bund und meine Gesetze, die Ich dir auferlegt, nicht gehalten hast, will Ich dir" – das heißt, deiner Nachkommenschaft – „dein Reich nehmen." (1 Kön 11,11)

Das Reich zerfällt in zwei Teile, Nord- und Südreich, und es beginnt die düstere Geschichte der Königshäuser Israels und Judas. Ein Abfall nach dem andern geschieht. Zwischendurch erhebt sich die Gestalt eines Treuen; bald folgt ihr aber wieder ein Empörer und macht alles zunichte. Bis schließlich die Babylonier die beiden Hauptstädte, Samaria und Jerusalem, erobern, das Land verwüsten und das Volk in die Knechtschaft führen.

In diesen sich immer mehr verdüsternden Zustand hinein, in welchem Gottes Reich nicht mehr erkennbar ist, verkünden die Propheten eine geheimnisvolle Gestalt: einen Herrscher, der Gott in lauterem Gehorsam ergeben sein und von dorther das Volk lenken wird, den Messias.

So lesen wir beim Propheten Isaias: „Siehe da meinen Knecht, den Ich halte; mein Erwählter, der meinem Herzen wohlgefällt. Ich habe meinen Geist auf ihn gelegt, daß er den Heidenvölkern die Wahrheit künde. Er macht kein Geschrei, noch ruft er laut, noch läßt er seine Stimme auf den Gassen hören. Geknicktes Rohr zerbricht er nicht und glimmenden Docht zerdrückt er nicht; in Treue trägt er die Wahrheit hinaus. Er wird nicht müde und ermattet nicht, bis daß er auf Erden die Wahrheit begründet hat, und die Inseln auf seine Weisung harren.“ (Jes 42,1–4) Und wieder: „Ich setze zur Obrigkeit dir den Frieden, zu deiner Regierung die Gerechtigkeit. Nicht wird man mehr von Gewalt hören in deinem Lande, nicht von Drangsal und Zerstörung in deinen Grenzen. Deine Mauern wirst du ‚Sieg‘ nennen und deine Tore ‚Ruhm‘. Nicht wird dir die Sonne Licht sein am Tag, noch des Mondes Glanz mehr dir leuchten. Der Herr wird dein ewiges Licht sein und Gott deine Herrlichkeit ... denn die Tage deiner Trauer sind für dich zu Ende.“ (60,17–19)

Die Worte – und manche andere noch – künden vom heiligen Herrscher, der einst das Reich der Wahrheit und Gerechtigkeit aufrichten, und durch den Gott selbst König sein wird. Von ihm wird heilige Wirkung in alle Welt ausgehen. So heißt es: „Steh auf, werde Licht, denn dein Licht kommt; die Herrlichkeit des Herrn strahlt auf über dir! Denn siehe: Finsternis bedeckt die Erde, und Dunkel die Nationen; doch über dir strahlt auf der Herr, und seine Herrlichkeit wird sichtbar über dir. Völker strömen zu deinem Licht, und Könige zu dem Glanz, der über dir leuchtet.“ (Jes 60,1–3) Ja selbst die Dinge sollen ergriffen und verwandelt werden, und in geheimnisvoller Vision offenbart sich dem Propheten ein Zustand neuen Daseins, in welchem Gott alles durchwaltet: „Denn siehe: Ich erschaffe einen neuen Himmel und eine neue Erde“, das heißt, eine neue Welt. „Des Vergangenen wird man nicht mehr gedenken und keiner sich seiner erinnern, sondern jauchzen und frohlocken wird man immerdar ob dessen, was ich erschaffe. Denn siehe: Ich wandle Jerusalem zum Frohlocken um und sein Volk zum Jubel.“ (65,17–19)

Freilich ist das Werden auch dieses Reiches keine Magie, das zeigt sich an dem eigentümlichen Doppelcharakter des Messias. Von Ihm sagt nämlich der gleiche Prophet: „Wer hat unserer Botschaft geglaubt, und wem wird kund der Arm des Herrn? Er [der Messias] wächst vor uns auf wie ein [schwacher] Schoss, wie eine Wurzel aus dürrem Erdreich. Ohne Gestalt ist Er noch Schönheit und macht nicht, daß wir nach Ihm schauen; kein Ansehen, daß er uns gefiele. Er ist verachtet und von den Menschen gemieden; ein Mann der Schmerzen und mit der Krankheit vertraut. Wie einer, vor dem man sein Antlitz verhüllt, ist Er; mißachtet so sehr, daß Er uns für nichts gilt. Aber unsere Krankheit hat Er getragen, unsere Schmerzen auf sich genommen, und wir meinten, Er sei von Gott geschlagen und gequält. Aber Er war durchbohrt um unserer Schuld willen, zerschlagen für unsere Sünden. Zu unserem Heil war die Strafe auf Ihm, und durch Seine Wunden sollen wir Heilung finden. Wir alle sind umhergeirrt wie Schafe, ein jeder ging seinen eigenen Weg; Ihn hat der Herr treffen lassen unser aller Schuld.“ (53,1–6)

In der Verkündigung vom Messias erscheinen zwei Gestalten: der Herr der Herrlichkeit und Gnadenfülle und der geschlagene Gottesknecht. Immer redet ja die Prophetie so, daß das Bild des Geschauten schwebt, denn sie bezieht sich auf die Geschichte; die aber ist kein notwendiger Vorgang im Zwang stummer Gesetze, sondern ein Geschehen aus Freiheit, die sich so entscheiden kann und anders. Wie das Volk sich zum Messias stellen wird, so wird er wirken können; danach werden die Dinge ihren Lauf nehmen und wird sein Schicksal sich gestalten. Denn dic Vcrwirklichung von Gottes Reich ist wohl Gnade, doch alle Gnade geht durch das Herz des Menschen.

Bis dann eines Tages Jesus erscheint und Johannes zu Ihm sendet: „Bist Du es, der da kommen soll, oder sollen wir auf einen Anderen warten?“ Jesus antwortet mit den Worten des Isaias; weist auf die Wunder hin, welche dieser als Zeichen des Messias verkündet hat und die durch Ihn vollbracht worden sind, und die Boten verstehen: Er ist es (Mt 11,1–6). Nun öffnet sich – nach der ersten des Paradieses und der zweiten der alttestamentlichen Gottesherrschaft – die dritte Möglichkeit des Reiches Gottes. Jesu Verkündung lautet: „Das Reich Gottes ist nahe herbeigekommen, sinnet um und glaubet der guten Botschaft.“ Das Reich steht vor den Toren der Welt; die aber sind in euren Herzen. Macht sie auf, und es kommt, und die Prophezeiung vom Messias erfüllt sich.

So hätte es geschehen können. In unserer nächsten Meditation werden wir sehen, wie es in Wahrheit gegangen ist.

II

Das Reich Gottes im Neuen Testament

Das Wort vom „Reich“ ist ein Grundwort unseres gläubigen Daseins. Gott hat – wenn es erlaubt ist, so zu sprechen – die Welt geschaffen, um sie dem Menschen anzuvertrauen. Dieser sollte sie in seiner Verantwortung halten und im freien Gehorsam Gott auf neue Weise zu eigen geben. So wurde die erste Gestalt des Reiches: das Paradies. Doch die Menschen empörten sich, und das Paradies zerbrach.

Nach einer langen Zeit des Dunkels, von der wir nichts wissen, ruft Gott das Volk Israel und macht es, wie es der 113. [114.] Psalm sagt, zu Seinem Reich (V. 2). Das Wunder einer Geschichte soll sich ereignen, die sich unmittelbar aus dem Gottesgehorsam verwirklicht. Auch dieses Reich darf sich aber nicht entfalten. Sagen wir richtiger: es dauert immer nur durch kurze Zeiten hin; dann bricht stets neu die Empörung aus. In diese Verwirrung redet das Wort der Propheten und verkündet einen Herrscher, der einst kommen und Gottes Reich in Reinheit und Freiheit aufrichten soll, den Messias.

Das ist die Situation, in welche Jesus eintritt. Er nimmt die Prophezeiung des Isaias für sich in Anspruch und erklärt sich als den Erwarteten. Das tut Er zum ersten Mal in der Synagoge seiner Heimatstadt Nazareth. Er steht auf, um zu sprechen, und der Diener reicht Ihm die Buchrolle mit der Schrift des Propheten Isaias. Er öffnet sie, und sein Auge fällt auf die Stelle 61,1–2. Jesus liest sie vor – Lukas führt sie in folgendem Wortlaut an: „Der Geist des Herrn ist über mir, weil mich der

Herr gesalbt hat, den Armen gute Botschaft zu bringen; mich gesandt hat, den Gefangenen die Freiheit anzusagen und Blinden das Gesicht, Verwundete in Freiheit zu entlassen, das wohlgefällige Jahr des Herrn zu verkünden und einen Tag der Ahndung unseres Gottes, der alle Trauernden tröstet." (Jes 61,1–2) Dann setzt Jesus sich nieder und spricht: „Heute ist dieses Wort der Schrift vor euren Ohren zur Erfüllung gekommen." (Lk 4,16–21)

Vom anderen Selbstzeugnis berichtet Matthäus. Der Täufer ist im Kerker und schickt seine Jünger zu Ihm, daß sie Ihn fragen: „Bist Du es, der da kommen soll, oder sollen wir auf einen Anderen warten?" Jesus antwortet: „Gehet hin und meldet dem Johannes, was ihr hört und seht: Blinde sehen wieder und Lahme gehen, Aussätzige werden rein und Taube hören und Tote stehen auf und Armen wird die gute Botschaft gebracht. Und selig ist, wer an Mir kein Ärgernis nimmt!" (Mt 11,3–6) Das heißt: die Zeichen, die Isaias für den Messias nennt (35,5–6), sind geschehen. Ich bin es!

Das Reich Gottes kommt von Gott, und seine Verwirklichung ist Gnade; aber es ruft die Freiheit des Menschen an, so hängt sein Anlangen von dessen Entscheidung ab. Das wird furchtbar deutlich; denn nachdem Jesus sich als den Messias kundgetan, und die Hörer die Macht seines Wortes bezeugt haben, empören sie sich darüber, daß Er, Einer aus ihrer Stadt, sich selbst derart erhebt: „Als sie solches hörten, wurden alle in der Synagoge von Wut erfüllt und sie standen auf und stießen Ihn zur Stadt hinaus und drängten Ihn an den Rand des Berges, auf dem ihre Stadt erbaut war, um ihn hinabzustürzen. Er aber schritt mitten durch sie hin und ging davon." (Lk 4,28–30) Nicht umsonst hat Er den Worten der jesajanischen Weissagung, welche Johannes offenbaren sollen, wer Er sei, die Warnung beigefügt: „Und selig ist, wer an Mir kein Ärgernis nimmt.“ (Mt 11,6)

Was wird also geschehen?

Immer wieder spricht Jesus vom „Reiche Gottes“, vor allem in seinen Gleichnissen. Diese muß man so lesen, wie sie gemeint sind: nicht als Lehrstücke und Definitionen, sondern als Bilder. Und Bilder faßt man nicht mit dem Verstande auf, sondern man schaut in sie hinein, empfindet sie, atmet in ihnen – dann erst darf man anfangen und fragen: Was bedeutet dieses? Warum ist jenes gesagt? Das allein genügt aber noch nicht. Man muß auch Den hinzunehmen, der sie spricht; sonst steht man daneben und merkt nicht, was gemeint ist. Das Wort des Neuen Testamentes ist Sein Wort, und von Ihm her müssen wir es verstehen.

Gleich die erste Verkündung, zu Anfang seiner öffentlichen Wirksamkeit, spricht in einem solchen Bilde vom Reiche Gottes: „Die Zeit ist erfüllt, und das Königtum Gottes ist nahe gekommen! Sinnet um und glaubet die gute Botschaft!“ (Mk 1,15) Das Reich Gottes erscheint da als ein Wesen, das von fern, von Gott her gekommen ist, nun vor den Toren der Welt steht und herein will. Es muß aber eingelassen werden. Die in der Welt sind, die Menschen, müssen es tun, denn in ihren Herzen ist das Tor der Welt. Und wie? Indem sie ihren Sinn ändern, der Gott fernhält, die Lüge, den Hochmut, die Besitzgier, die Genußsucht, die irdische Gesinnung; indem sie sich Gott zuwenden und Ihm ihr Herz öffnen. Dann kann es eintreten.

Von diesem Reiche spricht Jesus immer wieder. So sagt Er zu seinen Jüngern: „Fürchte dich nicht, du kleine Herde, denn es hat eurem Vater gefallen, euch das Reich zu geben." (Lk 12,32) Ein andermal zu den Pharisäern: „Das Reich Gottes wird von euch genommen und einem Volke gegeben werden, das seine [des Reiches] Früchte bringt." (Mt 21,43) Es ist Gabe; doch die Gabe muß entgegengenommen und von innen heraus angeeignet werden.

Wo immer Jesus über das Reich Gottes spricht, wird deutlich, daß es Entscheidung fordert. Der Hörende muß zwischen ihm und der Welt – richtiger gesagt, dem Reiche Gottes und dem Reiche Seines Feindes – wählen. Die Wahl hat vielerlei Gestalt, je nach der Wesensart und Situation des Einzelnen, je nach dem besonderen Ruf, den Gott an ihn richtet. Sie kann Entscheidung zwischen dem Reich und dem Irdisch-Hindernden bedeuten: Vorteilen, menschlichen Beziehungen, Möglichkeiten der Macht und des Genusses. Sie kann sich zwischen dem Reich und alledem erheben, was dem Menschen das Liebste ist, wenn dieses ihn von Gott weghält: Familie, Eigentum, Verfügung über die eigene Freiheit. Auf jeden Fall aber und immer ist sie Entscheidung zwischen dem Willen Gottes und dem, was Ihm widerspricht, dem Bösen. Diese Entscheidung muß durch das ganze Leben aufrecht erhalten, das heißt, immer neu vollzogen werden. So sagt denn der Herr: „Niemand, der seine Hand an den Pflug legt und zurückblickt, ist tauglich für das Reich Gottes." (Lk 9,62)

In anderen Bildern erscheint das Reich Gottes als ein geistiger Raum, in den man eintritt und in dem man lebt. So sagt Jesus: „Wenn ihr nicht umkehrt und werdet wie die Kinder, könnt ihr in das Reich der Himmel nicht eingehen." (Mt 18,3)

Daher bildet es einen Ausdruck der Verlorenheit, aus ihm ausgewiesen zu werden: „Da wird das Heulen und das Zähneknirschen sein, wenn ihr Abraham, Isaak und Jakob und alle Propheten im Reiche Gottes, euch aber hinausgeworfen seht." (Lk 13,28) „Draußen" zu sein ist Verdammnis; ein Begriff, der in den der „äußersten Finsternis" übergeht, in welche der unnütze Knecht und der Hochzeitsgast ohne festliches Gewand geworfen werden (Mt 25,30; 22,13); „drinnen" hingegen, im Reich, ist die Nähe Gottes, ihr Licht und ihre Wärme, verdichtet im Bilde des festlichen Mahles seiner Kinder um den heiligen Tisch: „Das Himmelreich ist einem König gleich, der seinem Sohne Hochzeit hielt." (Mt 22,2)

Gottes Reich ist auch Ordnung. Diese ist von anderer Art als die irdische; so antwortet Jesus den Jüngern auf die Frage, wer der Größte sei im Himmelreich, es bedürfe einer Abkehr vom irdischen Geltungswillen, um in es einzugehen; so müsse, wer zu ihm gehören wolle, wie ein Kind werden und ein Vertrauen auf Gott haben, das vor irdischer Klugheit töricht erscheint (Mt 6,31ff).

Die Ordnung des Reiches, das durch Christus kommt, ist auch anders als die des Alten Bundes. Das sagt Er, nachdem die Boten weggegangen sind, welche die Frage des Täufers gebracht haben: „Wahrlich, Ich sage euch, kein Größerer wird erweckt unter den von Weibern Geborenen als Johannes der Täufer – der Geringere aber im Reich der Himmel ist größer als er." (Mt 11,11)

Zwei schöne Gleichnisse sprechen davon, wie Gottes Reich, wenn man so sagen darf, sich verhält. Eins ist das vom Senfkorn. Das Reich ist wie ein solches Korn; winzig klein, aber voll Lebenskraft. Das Korn wird gesät und wächst dann zu einer Pflanze, die so groß ist, daß die Vögel in ihr sitzen können. So wird das Reich Gottes in die Erde des Menschenlebens getan. Zuerst ist es klein; in einer ganzen Stadt gehören vielleicht nur Einer oder Zwei zu ihm. Es ist aber Leben; alles Lebendige fängt als Keim an, dann wächst es und wird groß. Wenn die ersten Wenigen glauben und es ernst meinen, greift die Kraft des Keimes aus. Andere kommen hinzu, und eine Gemeinschaft entsteht: eine Familie, eine Gemeinde, ein gläubiges Land. Das sind Lebensräume, in denen die „Vögel des Himmels“ – altes Gleichnis für die Seele – leben, wohnen können. Immer weiter wächst das Reich, bis es die ganze Welt durchwaltet; denken wir an die großen Gedanken der Briefe an Epheser und Kolosser, in denen von der Einbegreifung alles Geschaffenen gesprochen wird (1,3–14 und 1,13–20). Ein Gleichnis also, worin das Werden des Gottesreiches in einen Unterschied zu allem Machen, Betreiben, Organisieren gebracht wird: still, nach eigenem, lebendigem Gesetz wächst es, kraftvoll und stetig; und wenn die Gerufenen in Treue zu ihm stehen, kann keine irdische Macht es aufhalten.

Das andere Gleichnis sagt Ähnliches, kommt aber aus dem häuslichen Leben. Da will eine Frau Brot backen. So holt sie die richtige Menge Mehl und rührt sie an. Dann nimmt sie Sauerteig, knetet ihn hinein und arbeitet das Ganze so lange durch, bis alles gleichmäßig durchsäuert ist. Wieder ein Bild für ein Wirken von innen her, das still, langsam, doch unaufhaltbar vor sich geht und das Ganze ergreift. Wir können sagen: Das Reich Gottes ist Gesinnung. Jemand hat bei irgend einer Gelegenheit einen Gedanken des Evangeliums gehört; nun dringt der ihm in Herz und Geist, durchwirkt seine Gedanken, seine Gewohnheiten, sein tägliches Tun. Das geht so weiter, bis er schließlich ein anderer Mensch geworden ist (Mt 13,31–33).

In diesem Zusammenhang wird das Wort Jesu wichtig, das Er den Pharisäern antwortet, wie die Ihn fragen, wann das Reich Gottes kommen werde: „Das Reich Gottes kommt nicht in Auffälligkeit, noch wird man sagen können: ‚sieh, da!' oder ‚dort', denn das Reich Gottes ist inwendig in euch." (Lk 17,20–21) Das griechische Wort *entós* kann man so übersetzen; dann meint es Herzensmeinung und lebendige Gnade – aber auch mit „mitten unter euch"; dann spricht es von einer Macht, die von Gott her unter den Menschen bereit ist und nur auf ihre Willigkeit wartet, um wirksam zu werden. In beiden Ausdrucksweisen würde der Herr sagen, die Dinge des Reiches Gottes seien nicht so, daß sie äußerlich festgestellt und überwacht werden könnten, sondern Gesinnung und Lebenskraft, die aus der Wahrheit wirken.

Zwei andere Gleichnisse sagen, das Reich Gottes sei etwas Kostbares. Sie stehen neben einander im dreizehnten Kapitel bei Matthäus (44–46).

Zuerst das vom Schatz im Acker. Ein Mann führt seinen Pflug über das Feld; da stößt er plötzlich auf etwas Festes. Er gräbt nach, findet einen Schatz, der früher – vielleicht in Kriegszeiten – dort verborgen worden ist, und sagt sich: Den muß ich haben! Nun ist er aber nur Pächter oder gar Knecht, und der Acker gehört nicht ihm. So verkauft er sein ganzes Hab und Gut, erwirbt den Acker, und der Schatz ist sein. Jetzt ist er reich.

Das andere erzählt von der kostbaren Perle. Da ist ein Juwelenhändler, der gute Stücke sucht. Er hat herausbekommen, daß jemand eine besonders vollkommene Perle hat. Sie ist aber teuer; der Preis übersteigt sein flüssiges Geld. Doch wittert er großen Gewinn; so verkauft er, was er hat, erwirbt das Juwel und hat gewonnen, denn es ist wertvoller als alles, was er hineingegeben hat.

So, sagt der Herr, ist das Reich Gottes: kostbarer als alles, was dir wertvoll scheinen mag; bedenke es und gib den Preis. Worin der besteht, siehst du von Mal zu Mal: in einem Gewinn, der zu Unrecht gemacht würde; einer Position, die nur durch Verleugnung des Glaubens errungen werden könnte; einer Leidenschaft, die eine Familie zu zerstören droht... Dann mußt du dich fragen: Ist mir Gottes Reich so viel wert, daß ich bereit bin, den Preis zu geben? Vielleicht steht es sogar so, daß wirklich „alles" gefordert ist, Gesundheit, Besitz, Leben; in dieser Zeit der Gewalt kann es schnell dahin kommen. Dann zeigt es sich, ob Perle und Schatz dir so viel wert sind.

Wie groß die Wertfülle des Gottesreiches ist, tritt uns aus dem Beginn der Bergpredigt, den Seligpreisungen, entgegen (Mt 5,3ff). Gleich die erste verheißt es den „Armen im Geiste"; jenen also, die Not und Entbehrung auf Gott vertrauend tragen: ihnen wird es Reichtum über allen Reichtümern. In entsprechender Weise haben wir von den anderen Preisungen her das Reich als göttliche Erfüllung irdischer Not zu verstehen: den „Trauernden" als unendlichen Trost; den „Sanftmütigen", die keine Gewalt üben, als das Segensland des Messias; denen, die „nach Gerechtigkeit hungern und dürsten", als Rechtsprechung vor dem ewigen Richter; den „Barmherzigen“ als Gottes überströmende Liebe; den „reinen Herzen“ als Offenbarung seiner Wahrheits- und Herrlichkeitsfülle; jenen, die sich „um den Frieden mühen“, als Aufnahme in Gottes Nähe; den „um der Gerechtigkeit willen Verfolgten“ als Reich seliger Geborgenheit; und allen, die „um des Namens Christi willen entehrt werden“, als übergroße Freude.

Gottes Reich ist Inbegriff alles Sinnes.

Doch dürfen wir über dem Gesagten eines nicht vergessen: daß das Reich Gottes auch einen Feind hat. Das Matthäusevangelium erzählt im dreizehnten Kapitel Jesu Gleichnis von der bösen Saat (24–30). Ein Mann hat seinen Acker gut bestellt, aber mitten im Weizen schießt das Unkraut auf. Da fragen ihn die Knechte: „Herr, hast du nicht guten Samen auf deinen Acker gesät? Woher hat er nun das Unkraut?“ Das Reich Gottes ist gutes Gewächs in Denken und Tun; doch mitten darunter wuchert es: böse Gedanken, häßliche Worte, zerstörendes Tun. Der Glaubende wundert sich, wie das sein könne. Es gibt aber Einen, der das Reich haßt: der es schon im Paradies, und nachher immer wieder durch die Geschichte des berufenen Volkes hin zerstört hat. Er hat versucht, Jesus selbst zu Fall zu bringen; hat erreicht, daß unter den zwölf Aposteln einer zum Verräter wurde, daß Petrus seinen Meister verleugnete, daß alle flohen, und Jesus den furchtbaren Tod am Kreuz sterben mußte. Er arbeitet immer weiter, und sät seine finstere Saat unter den guten Weizen.

Sehen wir uns im Dasein um: ist das so, wie es sein müßte, wenn in ihm nur natürliche Kräfte wirkten? Könnte so furchtbare Verwirrung herrschen, soviel Gier sein, soviel Lüge, soviel Haß, solch kaltes Töten, wenn nicht eine Macht von anderswoher am Werk wäre, die ein Reich wider Gott aufrichten will? Jesus spricht denn auch offen vom „Fürsten der Welt". Der kennt den Menschen so von Grund auf, wie nur der Haß zu kennen vermag. Er braucht keine Mirakel zu wirken; braucht nur zu nutzen, was „im Menschen ist" (Joh 2,25), und es gegen Gottes Reich zu führen.

Das Reich Gottes ist ein einziges großes Geheimnis, und vielerlei Geheimnisse sind in ihm. Jesus hat ausdrücklich gesagt: „Euch ist das Geheimnis des Gottesreiches [offen] gegeben; denen draußen aber kommt alles in Gleichnissen." (Mk 4,11) Es ist schwer zu begreifen, warum in ihm die Dinge gehen, wie sie gehen; warum fruchtbare Möglichkeiten ungenützt bleiben, Schönes und Schlimmes ineinander gewirrt sind, Gutes verdirbt. Darum kann man so schwer unterscheiden, das Ganze so gar nicht ins Klare bringen. Im Gleichnis heißt es denn auch: „Da sagen die Knechte zu ihm: Willst du nun, daß wir hingehen und [das Unkraut] zusammenlesen? Er aber erwidert: Nein, damit ihr nicht beim Zusammenlesen des Unkrauts zugleich mit ihm auch den Weizen ausreißt. Laßt beides miteinander wachsen bis zur Ernte, und zur Zeit der Ernte will ich den Schnittern sagen: Leset zuerst das Unkraut zusammen und bindet es in Bündel zum Verbrennen, den Weizen aber sammelt in meine Scheune." (Mt 13,28–30)

Was das Reich Gottes ist, geht über die Geschichte hinaus auf ein Letztes zu, das einstens kommen muß, das Gericht. Das wird zwischen dem scheiden, was gut, und dem, was böse ist. In den großen Gerichtsreden spricht Jesus davon, und wieder fällt das Wort vom Reich: „Wenn der Menschensohn in seiner Herrlichkeit kommt und alle seine Engel mit Ihm, dann wird Er sich auf den Thron seiner Herrlichkeit setzen.

Und alle Völker werden sich vor Ihm versammeln, und Er wird sie von einander scheiden, wie der Hirt die Schafe von den Böcken scheidet. Und Er wird die Schafe zu seiner Rechten stellen, die Böcke aber zu seiner Linken. Dann wird der König zu denen auf seiner Rechten sagen: Kommt, ihr Gesegneten meines Vaters, nehmt in Besitz das Reich, das euch bereitet ist seit Anbeginn der Welt." (Mt 25,31–34)

Dann wird das Reich ewiges Leben, allerfüllende Gottesgemeinschaft sein.

III
Die Verwirklichung des Reiches Gottes

Wir müssen noch einmal zum zweiten Satz des Herrengebetes zurückkehren, der bittet, Gottes Reich möge kommen. Die Worte der Offenbarung sind göttlich tief, und wir wollen die einzelnen Bitten nicht verlassen, bevor wir nach unserem Vermögen zum Kern ihrer Wahrheit gelangt sind.

Wir haben gesehen, daß die Botschaft vom Reiche den Herzgedanken des Evangeliums bildet. Das Paradies war seine erste Verwirklichung, doch sie ist zerbrochen. Die Schriften des Alten Testamentes erzählen von einer beständigen, durch fast anderthalb Jahrtausend gehenden Bemühung Gottes, sein Reich neu aufzurichten, und wie sie immerfort scheitert. Bis „die Zeit erfüllt" ist, und Christus erscheint. Einem geheimnisvollen Wesen gleich steht das Reich vor dem Tor der Welt – und das Tor ist überall da, wo ein Mensch lebt. Es ist sein lebendiges Herz; tut sich das auf, dann kann das Reich anlangen.

Nehmen wir zu den Worten Jesu die Prophetie des Isaias hinzu und sehen in ihr nicht nur schöne Bilder, sondern Wahrheit, dann ahnen wir, welch unsägliche Möglichkeit sich da geöffnet hat. Von ihr zu sprechen, ist schwer – ebenso schwer, wie etwas Verantwortbares über jene erste Möglichkeit zu sagen, die einst im Paradies offen stand, denn weder die eine noch die andere hat sich erfüllt. Die Offenbarung ist keine Philosophie, keine Heilslehre, die überall und zu jeder Zeit erfaßt werden könnte, sondern sie bezieht sich auf die Geschichte, die Gott im berufenen Volke gewirkt hat. Dahinein ist, zu einer bestimmten Stunde – als „die Zeit erfüllt war" (Mk 1,15) – der Erlöser eingetreten. Dadurch hat Gott dem Bund, den Er einst am Sinai mit dem Volk geschlossen, die letzte Treue gehalten; an diesem Volk war es nun, selbst treu zu sein und den Gekommenen aufzunehmen: am Hohenpriester, der damals regierte; am Hohen Rat, der ihn umgab; an den Menschen, aus denen damals das Volk bestand. Sie waren die Angerufenen; ihre herrliche und schwere Sache war es, zu antworten. Für sie konnte niemand eintreten. Hätten sie die Botschaft angenommen, dann wäre etwas Unnennbares geschehen. Etwas, von dem die Prophetie des Isaias uns eine Ahnung erweckt: das Anlangen des Königtums Gottes in offener Herrlichkeit; die Verwandlung des Daseins durch den Heiligen Geist von Christus her.

Es ist ein Gedanke zum Fürchten, daß der allmächtige Gott aus heiligem Entschluß heraus etwas will, doch das, was Er will, an die Entscheidung menschlicher Armseligkeit geknüpft ist. So ist es aber, denn Gott ist ein Gott der Wahrheit und Ehrfurcht. Er hat die Freiheit des Menschen geschaffen, hält sie in Ehren und macht Ernst mit ihr. Wenn sie nicht will, muß Er dulden, daß der Ruf nicht angenommen wird – ja daß die Gerufenen tun, was in ihren Kräften steht, um das Angebotene zu vernichten.

Mit dem Reich ist etwas vor sich gegangen, das schwer auszudrücken ist. Als das berufene Volk den Messias ablehnte, konnte das Reich Gottes so, wie es möglich gewesen wäre, nicht anlangen. Doch zog es sich, um bei dem Bilde zu bleiben, nicht ganz zurück, sondern blieb gleichsam wartend stehen; in einer beständigen Möglichkeit, zu kommen; immerfort andrängend an das Tor der Welt. Erst von hierher verstehen wir den Sinn, den die Bitte jetzt hat.

Als der Herr sie den Seinen gab, war die Möglichkeit der großen Ankunft noch offen, denn die Entscheidung war ja noch nicht gefallen. Damals rief die Bitte nach der großen Erfüllung. Jetzt ist die Stunde vorbei. Ein Zustand hat sich gebildet, in welchem nur noch ein Kommen von Mal zu Mal möglich ist: bei diesem Menschen, oder jenem; hier, an diesem Ort, oder dort; jetzt, oder zu einer anderen Stunde. Immerfort drängt das Reich an die Tür jedes Herzens, jeder Situation, jeder menschlichen Gemeinschaft, jeden Landes und jeder Zeit. Die Bitte aber ruft zu Gott, das Kommen möge sich ereignen. Und ruft immerfort; denn nie ist das Kommen so, daß es das Ganze der Menschheit ergriffe, die volle irdische Zeit und das Gesamt des Erdenraumes. Immer nur Einzelnes; in jedem Menschen und jeder Stunde seines Lebens, in jeder Zeit der Geschichte und jeder Situation in ihr wird die Entscheidung neu gestellt.

Wenn nun das Reich Gottes angelangt wäre – wie würde sich das zeigen? Man kann es in einem einfachen Satz ausdrükken: Gott würde in dem Menschen regieren.

Er würde regieren in seinem Bewußtsein. Der Gedanke an Ihn würde immer wiederkehren. Gott wäre der Richtpunkt der inneren Bewegung; sie würde von Ihm ausgehen und zu Ihm zurückkommen. Dabei würde das Bild von Ihm immer reicher und tiefer, das Gefühl seiner Nähe immer stärker und inniger.

Ist das bei uns der Fall? Wir müssen ehrlich sein: vergehen nicht in Wahrheit ganze Tage, viele Tage, ohne daß wir überhaupt an Ihn denken? Und wenn wir es tun – geschieht es dann nicht deshalb, weil ein Gespräch, oder eine Lektüre, oder irgend eine gesetzte Ordnung – etwa das Morgen- und Abendgebet – uns von außen an Ihn erinnern? Wenn Gott wirklich in unserem Denken regierte, würde der Gedanke an Ihn von selbst darin aufsteigen, mit innerer Ursprünglichkeit. Er würde in unsere Überlegungen eintreten; unsere Meinung über Menschen und Dinge bestimmen; die Antwort auf so manche Frage sein. Unser Denken würde Gott zur Verfügung stehen, so daß Er seine Wahrheit immerfort hineinheben könnte ... So ist es aber doch nicht, sondern was in Wirklichkeit von selbst aufsteigt, sich immer neu meldet, Herrschaft hat, sind die Angelegenheiten des Berufes, menschliche Beziehungen, Pläne, Hoffnungen ...

Reich Gottes würde bedeuten, daß Gott in unserem Willen herrschte. Dann würden wir uns im Lauf des Tages immer wieder gemahnt fühlen: Das will Er – das will Er nicht. Nicht wie durch eine Polizei, die in unser Tun hineinredete, sondern in der Weise eines inneren Einvernehmens. Wir würden vor Ihm leben, mit Ihm, von Ihm her und auf Ihn zu. Unser Handeln würde – wenn das Geheimnis der Gnade in einen so dreisten Satz gefaßt werden darf – einem beständigen Durchwirktsein unseres Willens durch den Seinen entspringen.

Wiederum aber: so ist es doch nicht! Sondern wir tun, was wir selbst wollen; was der Beruf will; was Vorteil und Leidenschaft wollen. Und kommt eine Norm zur Geltung, dann in einem allgemeinen Sinne, als Sittengesetz, als Regel für das, was gut, oder richtig, oder üblich ist. Diese Regel steht natürlich mit Gott in Beziehung, ist ein Ausfluß Seines Willens; was Jesus „Reich Gottes" nennt, meint aber etwas anderes. Von ihm könnten wir sprechen, wenn Gottes Wille unmittelbar in der Freiheit unseres Willens wirksam, wenn sozusagen Er es wäre, der in uns wollte – wobei sich das Wunderbare ereignen würde, daß ebendarin wir selbst erst richtig zu unserem eigentlichen Selbst-Wollen kämen ...

Reich Gottes würde bedeuten, daß Gott in unseren Herzen regierte, daß Er unsere große Liebe wäre. Es wird soviel von der Liebe Gottes geredet – manchmal denkt man, es wäre besser, es würde mehr von ihr geschwiegen; die Worte sind nachgerade verdorben genug ... Was hieße denn wirklich, Gott lieben? Vielleicht wäre es nützlich, vorher zu fragen, ob es denn überhaupt möglich sei? Einen Menschen zu lieben, gewiß; eine Heimat, ein Werk, eine Idee, sicher – aber Gott, den Unsichtbaren und Unendlichen und Ewigen? Offenbar ist es möglich, denn Menschen, denen wir glauben dürfen, sagen es uns. Sie sagen, Ihn könne man besser lieben und mehr als jedes Geschöpf. Er fordert es ja; „aus unserem ganzen Herzen, aus unserer ganzen Seele, aus unserem ganzen Gemüte und mit allen unseren Kräften" sollen wir es tun (Mt 22,34ff).

Wie sollen wir das aber vermögen? Dazu müßten wir Ihm begegnet sein. Müßten erfahren haben, wie Er ist. Seine Nähe müßte uns angerührt haben, so daß der Funke gesprungen wäre. Er müßte in uns leben, wie das Bild eines geliebten Menschen in uns lebt, zu dem das Herz von selbst immerfort hingeht. Und wenn das alles verblaßte, wie ja jedes Erleben Zeiten der Blässe hat, dann müßte eine Leere in uns sein, die schmerzte, wie das Heimweh nach jenem Menschen, falls er fern wäre ... Ist das bei uns so mit Gott? Auch nur irgendwie, und in noch so bescheidenem Maß? Bei wem das so ist, der soll Ihm danken alle Tage, und bitten, es möge so bleiben. Doch meistens ist es nicht so – und das wäre doch erst Reich Gottes im Herzen.

Aber die Dinge sind ja noch viel elementarer. Kehren wir wieder zu dem Ereignis zurück, bei welchem das Nachdenken über Gott immer wieder ansetzen muß: der Vision auf dem Horeb. Wie Moses da in der Einsamkeit steht, Gott ihn anruft und sendet, und der Erschütterte fragt: „was ist Dein Name?", antwortet Gott: „Ich bin der Ich-bin". Das heißt: der Wirkliche; der aus sich selbst und einfachhin Wirkliche; der hier und jetzt und fernerhin in Macht Wirkliche. Alle Dinge könnten auch nicht sein, doch Er – sein Name lautet ja „Ich-bin"! Wer „Sein" sagt, einfachhin seiendes, lebendiges Sein, der deutet auf Gott. Wenn das so ist – wie kann es dann geschehen, daß wir leben und gar nicht merken, Er sei? Nicht irgendwo sei, im Ideellen oder Metaphysischen, sondern hier, jetzt, jeweils da, wo der ist, den es angeht, das heißt also: ich? Müßte dieser Ur-Wirkliche nicht lebendig in meinem Innern stehen? Ragen, wie ein Berg? Mächtig sein, wie die Sonne? Alles durchströmend, wie eine Quelle?

Statt dessen – was meinen wir, wenn wir von „Wirklichkeit" reden? Wir meinen die Dinge, die Menschen, das Geld, das Geschäft, die Politik, die Wissenschaft. Gott hingegen ist uns etwas Undeutliches, Fernes. Vielleicht eine leise Stimme; ein Schimmer, zu dem wir – mit welcher Mühe oft! – den Weg suchen, wenn wir beten. Reich Gottes aber würde bedeuten, daß Er in unserem Innern das Eigentliche wäre – und dann wäre auch Liebe.

Und schließlich, ganz realistisch gesprochen: Reich Gottes würde bedeuten, daß wir Ihm gehörten, mit Seele und Leib sein Eigentum wären. Nicht von außen her, wie der antike Sklave, den ein widernatürliches Recht zum Besitz seines Herrn, oder wie der moderne Staatsknecht, den eine dämonische Theorie zum Eigentum seiner totalistischen Regierung gemacht hat, sondern so, wie der wahrhaft Liebende dem geliebten Menschen eigen ist, aus der Freiheit des Herzens heraus, die sich ihm geschenkt hat, und der Treue, die sich ihm bewahrt. So würden wir Gott gehören, und darin wäre Er unser. Das wäre „Reich" – das Seine, und, ebendarin, das unsere. Was sich dann in uns verwirklichen würde, davon geben uns die Schriften Jener einen Begriff, die es erfahren haben.

Wie so ganz anders steht es in Wirklichkeit! Menschen gehören wir, und oft in welch schlimmer Weise. Der Arbeit gehören wir, dem Geschäft, dem Geld, der Politik.

Wir können nichts anderes tun, als immer wieder die Bitte erheben, Gottes Reich möge kommen. In uns möge es ankommen, damit Er uns lebendig werde; unser Wille Ihm verbunden sei; Er als der Wirkliche in unserem Leben stehe; wir seine unsägliche Kostbarkeit fühlen. Das Gleichnis von der Perle sagt, daß der Mann für sie alles gibt, was er hat. Doch er sieht sie schimmern; er darf fühlen, wie sie kostbar auf der Fläche seiner Hand liegt. Bitten wir also, daß auch wir ihre Schönheit empfinden, damit das Reich Gottes uns deutlich, und wir fähig werden, dafür zu geben, was verlangt wird. Immer wieder müssen wir bitten: Herr, laß in mir Wahrheit werden. Und „Wahrheit" ist, daß Du der Wirkliche seiest, nicht alles Mögliche sonst. Du der Kostbare, nicht jedes Ding mehr als Du. Dein Wille das Dringliche des Daseins, nicht Vorteil und Vergnügen und Menschenrücksicht.

Dann würde alles anders werden. Nicht in dem Sinne, daß etwa andere Menschen zu uns kämen, oder andere Dinge in unseren Besitz gelangten, oder andere Schicksale sich zutrügen. Das Material des Daseins wäre das gleiche wie vorher, aber sein Sinn würde sich wandeln. Ein Verlust wäre ein Verlust, und eine Krankheit würde Beschwerden bringen – und doch wäre alles anders, denn Verlust wie Krankheit wären in einen neuen Sinnzusammenhang aufgenommen. Die Arbeit, die wir zu tun hätten, bliebe so mühsam, wie sie eben ist, sie würde sogar schwerer, denn wir würden sie ernster nehmen. Doch wir hätten das Bewußtsein, daß sie vor Ihm geschähe und auf Ihn zu, und dadurch würde sie einen neuen Wert bekommen.

Aber vielleicht würde sich das Geschehen des Lebens selbst verändern. Denn was heißt das: Vorsehung? Wir stellen sie uns gern wie eine Art geheimnisvoller Wohlfahrtspflege vor, die vom Himmel her in der Welt am Werk ist. Was Jesus mit dem Worte meint, ist aber etwas anderes, als was zum Beispiel die hellenistische Religionsphilosophie mit der *heimarméne,* der Weltlenkung durch die All-Vernunft meinte. Er hat vielmehr gesagt: „Trachtet zuerst nach dem Reich Gottes und seiner Gerechtigkeit, dann wird dies alles euch hinzugegeben werden." (Mt 6,33) Seine Vorsehungslehre hängt mit der Botschaft vom Reich zusammen, und es ist wichtig, zu verstehen, in welcher Weise das der Fall ist. Was an uns kommt, hat einen doppelten Ursprung. Einmal die äußeren Umstände und Vorgänge: dieses geschieht, weil jenes vorher geschehen ist; das wieder hat seine Ursachen, die waren ihrerseits Wirkungen, und so fort. Solche Geschehnisketten laufen in unzählbarer Menge und undurchschaubaren Verflechtungen, und erfassen auch uns. Dann ist da aber noch ein zweiter Ursprung, der liegt in uns selbst. Bis zu einem gewissen Grade darf man sagen, daß den Menschen nicht Beliebiges treffe, sondern ihm Zugehöriges, denn in ihm wirkt etwas, das bestimmte Dinge heranläßt und andere zurückhält: seine Veranlagung, seine Erziehung, seine Gesinntheit, alles, was er eben ist. Beides zusammen erst, das Äußere und das Innere, ergibt Schicksal. Und nun sagt Jesus: Trachte zuerst nach dem Reich Gottes und seiner Gerechtigkeit, und die Dinge um dich her werden auf dein Heil zugehen. Deine Gesinnung wie auch das ganze aus ihr kommende Verhalten wird auf das Geschehen Wirkung ausüben, wird Werkzeug des göttlichen Waltens sein. Daher der Eindruck, den die Ereignisse im Leben der Heiligen machen, und den die Legende dann gern durch den Begriff des Wunders ausdrückt, auch wenn im einzelnen Fall gar kein solches vorliegt. Sie meint aber etwas Richtiges; daß im Leben des Menschen, der sich ganz Gott gibt, die Dinge anders gehen als bei jenem, der seinen eigenen

Willen lebt. Das würde auch uns geschehen. Nichts im üblichen Sinne Wunderbares, nichts Auffallendes, und doch würde alles anders sein.

Paulus spricht in seinen Briefen von einem geheimnisvollen Geschehen. Da ist, sagt er, der alte Mensch; ist so, wie seine Freunde ihn kennen, und seine Feinde auch. In ihm hat aber die Gnade durch Glauben und Taufe einen anderen Menschen erzeugt. Dieser andere Mensch wächst quer durch alles Geschehen hindurch, und sein Dasein ist „Reich Gottes". Das verwebt sich mit dem Reich der Welt; wird durch dieses verhüllt, gestört, zurückgeworfen – wenn aber Glaube und guter Wille nicht sterben, erhebt es sich immer wieder neu und wächst weiter. Von ihm her, sagt Paulus im achten Kapitel des Römerbriefes, strahlt das Neuwerden sogar in die Welt hinaus und bewirkt auch in ihr eine heilige Heimlichkeit. Es gibt Bilder, die das Geheimnis der Weihnacht in einer sehr eindringlichen Weise darstellen: da ist überall Dunkel; das Kind in der Krippe aber leuchtet aus sich selbst. Und aus dem Dunkel drängen Menschen- und Tierwesen hinzu und blicken hin, sehnsüchtig, daß ihnen von der kleinen Gestalt her etwas Unsägliches geschehe. So blickt die Welt, sagt Paulus, auf den, der sich bemüht, Reich Gottes zu werden, und hofft, einst von ihm Verwandlung zu empfangen. Was Jesus „Vorsehung" nennt, der Anfang, ist die Weise, wie diese Verwandlung geschieht.

„Reich Gottes" ist ein Geheimniswort. Es spricht von einer Bewegung, in welcher das Jetzige auf ein Kommendes zugeht. Der Glaubende wartet auf eine Zukunft, in welcher das, was schon jetzt ist, offenbar werden soll. Jetzt ist es werdend und verdeckt; doch einst, in der Ewigkeit, wird die heimlich heranwachsende Gestalt vollendet sein und leuchten.

Wenn wir uns eine freie Stunde schaffen können, sollten wir die beiden letzten Kapitel der Apokalypse lesen. Sie reden von der einstigen Verwandlung, und tun das in zwei Bildern. Im ersten erscheint das neue Dasein wie eine „Stadt", die „von Gott her herabsteigt"; von Ihm her umgeschaffen. Diese Stadt – für den antiken Menschen Inbegriff vollendeten Daseins – ist ganz Licht, ganz Kostbarkeit. Sie hat Formen, die alle Vorstellung übersteigen: ist so lang, wie breit, wie hoch. In ihr aber sind Straßen und Plätze; die Seligen wohnen in ihr, und der himmlische Strom fließt durch sie hin – Vision also alles, die man nicht denken, sondern schauen und fühlen muß ... Und dann, in einem Augenblick, wie das in Visionen geschieht, ist das neue Jerusalem „die Braut"; ein Bild von Schönheit, Liebe und Lebenserfüllung, in welchem die Schöpfung auf Gott zugeht. Darin wird offenbar, was Reich Gottes ist. Jetzt müssen wir es glauben, wider unsere eigene Armseligkeit. Einst werden wir schauen – und sein.

Also wollen wir bitten, Tag um Tag, Jahr um Jahr, solange Gott uns Atem gibt: Reich Gottes, komm; zu mir, zu den Meinen, zu uns Menschen allen!

„Dein Wille geschehe, wie im Himmel, also auch auf Erden“

I
Die Engel

Die dritte Bitte des Vaterunsers lautet: „Dein Wille geschehe, wie im Himmel, also auch auf Erden.“ Sobald wir uns dem Satz nähern, fühlen wir das Geheimnis: Der ihn spricht, bittet, Gottes Wille, der doch allmächtig ist, möge verwirklicht werden. Das Geheimnis der Gnade in ihrem Verhältnis zur Freiheit kündigt sich an ... Zuerst wollen wir uns aber den letzten Worten zuwenden: Gottes Wille möge so auf Erden geschehen, wie er im Himmel geschieht. Durch wen geschieht er im Himmel derart vollkommen, daß sein Tun zum Vorbild für uns auf Erden wird?

Man könnte sagen – und es wäre keine schlechte Antwort –, mit „Himmel“ sei die Weite des Weltraums gemeint, wo die Schöpfung sich entfaltet und ihrem fernen Ziel zubewegt. Dann würde die Bitte bedeuten: Wie dort der Wille des Schöpfers mit Notwendigkeit geschieht, den Gesetzen folgend, die Er der Natur eingeschaffen hat, so möge, doch nun in Freiheit, sein Wille auf der Erde geschehen, nämlich durch den Gehorsam des Menschen gegen Gottes Gebot, wie es sich im Gewissen kundtut. Das ist aber nicht gemeint, sondern jene Erfüllung des Gotteswillens, die zum Maß erhoben wird, geschieht ebenfalls in Freiheit, reinster Freiheit, und zwar durch die Engel.

So wollen wir uns der Frage zuwenden, wie es denn mit ihnen bestellt sei.

Wenn wir einen rationalistischen Religionshistoriker oder einen liberalen Theologen fragten, welche Bewandtnis es mit den Engeln der Heiligen Schrift habe, dann würde er uns wahrscheinlich auseinandersetzen, sie seien eine Form des Geisterglaubens, wie er sich bei den verschiedensten Völkern finde. Auf früher Kulturstufe seien diese unfähig, das Verhalten der Dinge aus natürlichen Ursachen zu erklären; so dächten sie Wesen hinein, welche die Naturvorgänge regieren, und diese Vorstellung wirke lange nach. Oder er würde sagen, das religiöse Denken fühle den Drang, zwischen der höchsten Gottheit und der Mannigfaltigkeit des Irdischen Zwischenglieder einzufügen, die nach unten und nach oben vermitteln; das seien dann Wesen, die höher stünden als der Mensch, aber tiefer als Gott. Motive solcher Art kämen auch in den Anschauungen des Alten und des Neuen Testaments zur Geltung, und das Ergebnis sei die Vorstellung von Engeln. Hinzu komme, daß die biblischen Schriften unter dem Einfluß von Kulturen entstanden sind, in denen die Vorstellung von solchen Zwischenwesen sehr entwickelt war, Assyrien, Babylon, vor allem Persien, und dieser Einfluß mache sich in der biblischen Engellehre geltend.

Fragte man dann weiter, wie es denn mit Jesus stehe, so würde die Antwort lauten, Er habe in der Geschichte seines Volkes gelebt und daher die gleichen Einflüsse erfahren. In gewissen Punkten seiner Lehre sei Er zu ganz reinen religiösen Vorstellungen durchgedrungen; im übrigen habe Er gedacht wie Alle.

Immer wieder wundert man sich, daß zur Erklärung eines biblischen Gedankens alle möglichen Ursachen angeführt werden, die naheliegendste aber nicht. Wenn nämlich Menschen von einem religiösen Rang, wie die Lehrer des Alten und Neuen Bundes – Jesus selbst gar nicht zu nennen – über Engel reden, dann tun sie es aus dem einfachen Grunde, weil es Engel gibt. Sie haben es erfahren, und diese Erfahrung bezeugt Wirklichkeit; so wie das Reden von Adlern auf der Tatsache ruht, daß Leute mit Augen Adler gesehen haben. Es berührt einen sehr seltsam, wenn ein Gelehrter des neunzehnten oder zwanzigsten Jahrhunderts – der selbst vielleicht nie wirkliche religiöse Erfahrungen gemacht hat, noch in echter religiöser Tradition steht – darüber urteilen will, was es bedeutet, wenn die Genesis, oder Isaias, oder gar Jesus von Engeln reden. Es ist gut, sich von Zeit zu Zeit an die Rangordnungen des Geistes zu erinnern ...

Schon die ersten Bücher des Alten Testamentes sprechen von Engeln. In ihren Berichten erscheint jene geheimnisvolle Gestalt, die sich einer genauen Bestimmung entzieht, weil sie einerseits als Gottes Bote auftritt, anderseits Er selbst ist, nämlich der „Engel des Herrn“. Vielleicht können wir sagen, sie sei Gott, sofern Er sich in die Geschichte hineinwende. So heißt es im Bericht über die Vision des Moses am Horeb zuerst: „Der Engel des Herrn erschien ihm in einer Feuerflamme, die aus einem Dornbusch hervorloderte“ – sofort nachher aber: „Und der Herr sah, wie jener herankam, um nachzusehen, und Gott rief ihm aus dem Dornbusch zu: ‚Moses, Moses!‘.“ (Ex 3,2–4)

Oft verbindet sich das Bild Gottes als des Weltherrschers mit dem der Engel, die Ihn wie ein Hofstaat oder eine Heerschar umgeben. Der 102. [103.] Psalm zum Beispiel sagt: „Preiset den Herrn, ihr Seine Scharen alle, Seine Knechte, die ihr Seinen Willen erfüllt." (21) Zu Bethel sieht Jakob sie im Traum die Himmelsleiter auf- und absteigen, als Boten, die im Dienst des Allherrn zwischen Ihm und der Erde vermitteln (Gen 28,12). Daß Gott auf den Flügeln der Cherubim dahinfährt, ist Ausdruck seiner Gewitterherrlichkeit (Ps 17 [18], 11). In der Berufungsvision des Ezechiel haben sie geheimnisvolle Gestalt, die sie als Wesen von ungeheurer pneumatischer Mächtigkeit kundtut (Ez 1,4ff). Im 90. [91.] Psalm endlich umgeben sie den Lebensweg dessen, der auf Gott vertraut, und vollbringen an ihm das Werk der Vorsehung: „Er entbietet für dich Seine Engel, daß sie dich schützen auf allen deinen Wegen" (11). So wäre noch manches zu nennen.

Im Neuen Testament sind ihre Gestalten und Dienste unlöslich mit dem Leben Jesu verbunden. Der Erzengel „Gabriel, der vor Gott steht", sagt Zacharias, ihm solle ein Sohn, Johannes, geboren werden (Lk 1,11–19). Der gleiche bringt Maria die Botschaft der Menschwerdung von Gottes Sohn (Lk 1,26–38). Engel verkünden den Hirten die frohe Kunde (Lk 2,8ff); belehren Joseph über das Geheimnis Marias (Mt 1,18ff) und geben ihm Weisungen für die Sicherheit des Kindes (Mt 2,13ff, 19ff). Nachdem der Herr die Stunde der Versuchung durchgestanden hat, heißt es: „Engel kamen und dienten Ihm" (Mt 4,11), und sie erscheinen Ihm, wie Er in der Nacht auf Gethsemane die äußerste Entscheidung vollbringt (Lk 22,43). Engel sind um das Geschehen der Auferstehung bemüht (Mt 28,1ff), und nach Christi Himmelfahrt sind sie es, die den

Jüngern verkünden, was sich ereignet hat, und was sie tun sollen (Apg 1,10).

In der frühesten Zeit der jungen, noch ganz vom Licht und der Glut der Pfingsten durchwalteten Gemeinde zeigt der Bericht wieder das geheimnisvolle Tun der Gottesboten (vgl. Apg 5,19 u. a.). Paulus deutet an, daß die Engel untereinander einen Zusammenhang bilden, der nach Ordnungen gegliedert ist; so nennt er „Throne, Hoheiten, Herrschaften und Mächte" (Eph 1,21; Kol 1,16), Begriffe, die als Gemeinsames die Fülle der Geistesmacht, zugleich aber Unterschiede im Charakter und der Übung dieser Macht ausdrücken. Die Apokalypse endlich zeigt, wie sie mannigfache Dienste in der Führung und Vollendung des Weltschicksals tun. Wir hören von den vier Machtwesen des Ezechiel (4,6); den sieben „Engeln, die vor Gott stehen", mit solcher Stärke begabt, daß sie die furchtbare Gegenwart ertragen (8,2); von den Unzähligen, den Heerscharen, welche die heiligen Handlungen umgeben (5,11); von jenen, die im Vollzug des Endgerichts dienen (8,6ff).

Das ganze Geschehen der Apokalypse ist von ihrem Tun durchzogen; doch machen die Erklärer darauf aufmerksam, wie zurückhaltend die Schilderung im Vergleich zur Phantastik der zeitgenössischen Literatur ist. Nie haben sie eigene Initiative, sondern ihre ganze Existenz ist dadurch bestimmt, daß sie, obwohl gewaltig in Wesen und Macht, vollkommen im Willen Gottes stehen, in Freiheit Ihm ergeben.

Diese Engel sind dem biblischen Bild des Heilsgeschehens derart eingeordnet, daß keine Kritik „geistiger" Christlichkeit sie daraus lösen kann, ohne es zu verletzen.

Aus dem Zusammenhang der Offenbarung ersehen wir, daß vor der Erschaffung der sichtbaren Welt sich die einer rein geistigen ereignet hat, nämlich der Engel. Die da erschaffen wurden, sind nicht nur Kräfte oder Beziehungen, sondern Wesen; Personen mit Einsicht, Freiheit und Verantwortung. So steht auch in ihrem Dasein eine sittliche Entscheidung. Darüber sagt uns die Offenbarung nichts Näheres, denn auch das Wort: „Ich sah den Satan wie einen Blitz aus dem Himmel fallen" (Lk 10,18), ist von der Entmachtung des Widersachers durch die Erlösung zu verstehen. Jedenfalls sind aber die Engel vor die Probe gestellt worden, ob sie Gottes heilige Souveränität anerkennen würden oder nicht. Da ist die erste Entscheidung zwischen Gut und Böse gefallen. Zum ersten Mal ist der Wille Gottes getan worden. Daß dieser Wille getan werde, ist Gottes Reich – so hat da das „Reich Gottes" begonnen.

Ebenda hat aber auch die Auflehnung gegen den Willen Gottes begonnen. Wesen von höchster Kraft der Erkenntnis, des Willens, der Freiheit und Verantwortungsfähigkeit haben sich wider Gottes Herrschaft empört und Herren von eigenen Gnaden sein wollen. Dadurch haben sie sich für das Böse bestimmt: sie sind zu satanischen Wesen geworden. Wie das möglich sei, wird stets unverstehbar bleiben; es ist das *mysterium iniquitatis*, das Geheimnis des Bösen.

Um es zu umgehen, ist immer wieder der Versuch gemacht worden, die Welt dualistisch, zwiesinnig zu denken; so also, daß in ihr zwei Urmächte angenommen werden, eine gute und eine böse, deren Kampf die Geschichte bilde. Ebendamit wurde aber auch die Unbedingtheit von Gut und Böse aufgehoben, denn nach dieser Ansicht wäre ja beides nötig. Ja

Gott selbst wird entthront und in eine ebenso törichte wie lästerliche Polarität zu „Satan" gestellt. Philosophen und Dichter, selbst solche von höchstem Rang, haben so gedacht und gemeint, damit den Sinn des Daseins zu erfassen; in Wahrheit haben sie alles ästhetisiert. Der wirkliche Sinn des Daseins und sein eigentlicher Ernst liegen darin, daß der Eine Gott, der „heilige Allherrscher", in unbegreiflicher Großmut seinen Geschöpfen die Gabe der Freiheit verliehen hat; echter, redlicher Freiheit; der Fähigkeit, zu wählen, auch gegen Ihn.

So sehen wir denn, daß im Leben Jesu auch die bösen Engel auftauchen. Man kann sie daraus ebensowenig hinaustun wie die guten. Der Anspruch, das Neue Testament, das ja doch auf dem Bewußtsein Jesu ruht, „reinigen" zu wollen, ist anmaßend und töricht. Von den Maßstäben, die er aufstellt, wollen wir die Hände lassen, sonst „spotten wir unser selbst und wissen nicht, wie".

Bevor Jesus anfängt, zu lehren, geht Er in die Einöde im Osten des Landes und tritt in jene Erhebung des Geistes ein, die ein langes Fasten hervorruft. In diesem Zustand höchsten Seinsgefühls nähert sich Ihm der Feind Gottes und versucht, das werdende Reich in seinem Ursprung zu zerstören, denn dieser Ursprung ist der Wille Jesu, der den Willen seines Vaters erfüllt. Daß Er in die Einsamkeit geht, weg von Menschen und Menschenwerk; daß Er fastet, alles von sich tut, gleichsam bloß im Sein wird, hat nur den einen Sinn, sich ganz mit diesem Willen eins zu machen, von dem Er einmal sagen wird, ihn zu tun, sei „seine Speise" (Joh 4,34). In diese Stunden tiefster Sammlung, reinster Gespanntheit, dringt der Feind Gottes ein, um den Willen Jesu von dem seines Vaters loszubrechen. Er versucht, den Hungernden zur Gier, den von göttlicher Stärke Erfüllten zum Übermut, den wahrhaft zur Herrschaft Fähigen zur Weltbemächtigung zu verleiten – um den Preis, daß Er sich verehrend vor Satan in den Staub werfe, wie das vor dem orientalischen Herrscher geschah.

Jesus aber weist ihn ab, wissend, klar, ohne einen Hauch des Kompromisses. Da ist Wille Gottes geschehen auf Erden, und Reich Gottes ist geworden.

Durch das, was die Offenbarung über die Engel sagt, wird der Mensch in Beziehungen gebracht, die uns Heutige fremdartig berühren. Wie sieht denn unsere Zeit die Situation des Menschen? Für die Einen ist er ein Wesen, das sich aus der allgemein-biologischen Linie heraufentwickelt, geistige Fähigkeiten und sittlichen Rang gewonnen hat, im Letzten aber einen Teil der Natur bildet, wie alle anderen auch. Für Andere ein trotz aller Fragwürdigkeit unabhängiges Wesen, Herr seiner selbst und seines Schicksals, berechtigt, sich und der Welt das Gesetz zu geben. Die Schrift sieht den Menschen nicht so.

Für sie gibt es den bloß menschlichen Menschen nicht. Wir entsinnen uns der Stelle im Evangelium, wo Jesus von den Kindern spricht und über den, der eines von ihnen zum Bösen verführt, das Wehe ausruft. Dann fährt Er fort: „Denn Ich sage euch: ihre Engel in den Himmeln schauen allezeit das Angesicht meines Vaters, der in den Himmeln ist.“ (Mt 18,10) Ein abgründiges Wort! Es sagt, daß hinter dem Menschen, der ein „Ich“ ist und scheinbar mit sich allein, in Wahrheit ein Helfer steht – denn was das Wort sagt, gilt ja nicht nur für das Kind, das schwach und unerfahren wäre, sondern für jeden Menschen; macht sich doch keiner, der den Menschen kennt, Illusionen darüber, wie schwankend auch der Stärkste und Erfahrenste im Grunde ist. Die Menschheit hat das immer geahnt; die Sage vom Schutz- und Folgegeist zeigt es. Dessen Gestalt ist keine Hilfsvorstellung, mit welcher das Selbsterlebnis sich zu verdeutlichen suchte, sondern in ihr drückt sich ein dunkles Wissen aus, das durch Jesu Worte zur Klarheit gebracht wird. Die Person des Menschen ist sie selbst nicht aus eigener Kraft allein, sondern ein Wesen ist da, das ihr hilft, „Ich" zu sein und sie in diesem Ich-Sein schützt. Wir wissen aus eigener Erfahrung, wie leicht man vergißt, daß man in der Verantwortung des Ich steht; wie oft man diese Verantwortung irgendwohin abgibt, an die Natur, an Freunde oder Vorgesetzte oder Behörden, an die Gesellschaft oder die Geschichte der Menschheit. Das Wesen neben ihm mahnt und hilft, sie aufrecht zu halten. Das ist der Engel. So daß der Mensch kein in sich allein stehendes – was bei seiner Endlichkeit soviel heißen würde wie ein verlassenes – Selbstwesen ist, sondern in einem Bündnis existiert.

Doch auch etwas anderes ist wahr: Daß es Wesen gibt, die den Menschen hassen: die abgefallenen Engel, Satan und die Seinen. Sie sind dem Menschen feind, von vornherein. Nicht weil er sie beleidigt hätte oder sie bedrohte, sondern weil Gott ihn liebt, weil er durch Christus Kind des himmlischen Vaters ist und ewigen Lebens teilhaftig werden soll. Das alles hängt aber daran, daß er im Willen Gottes bleibe; so suchen diese Wesen ihn aus dem heiligen Willen herauszureißen.

Nicht Reich Gottes soll er wollen, sondern Reich seiner selbst – und nicht merken, daß er dabei Reich des Satans wird.

So ist der Mensch ein umkämpftes Wesen. Es lohnt, das menschliche Dasein einmal von hier aus zu betrachten. Wenn wir es nur vom Welthaften her tun, werden wir es nie verstehen. Versuchen wir es; überall werden wir Lücken fühlen – vorausgesetzt natürlich, wir haben den ganzen Menschen im Blick und verlangen ganze Erklärung. Versuchen wir es auf den Wegen von Kant oder Hegel, Marx oder Sartre, soziologisch oder biologisch oder psychologisch; wir werden Hypothesen machen und Konstruktionen bauen, doch die Sache wird nicht aufgehen. Immer werden sich Lücken zeigen, immer Über- oder Unterwertungen, immer Widersprüche. Und wenn wir den Mut haben, der nötig ist, um die Konsequenz zu ziehen, werden wir zum Ergebnis kommen: Der Mensch ist aus ihm selbst allein nicht zu verstehen; sein individuelles Dasein ebensowenig wie seine Geschichte. Er ist Er-selbst und noch ein Mehr dazu. Er ist Ich, aber in diesem seinem Ich beschützt und auch bedroht. Ist jenes Wesen, das von vornherein einen Freund, aber auch Feinde hat, die nicht von dieser Welt, aber in seiner Existenz wirksam sind.

So geht die Bitte dahin: Herr, gib, daß Dein Wille auf Erden so durch mich geschehe, so wie er geschehen ist durch Jene, die Dir treu geblieben und Engel der Herrlichkeit geworden sind. Und gib, daß sie, die Deinen Willen zum Sieg gebracht haben im Himmel, ihn auch zum Sieg bringen in uns.

Die Lehre der Offenbarung scheint auf den ersten Blick etwas Märchenmäßiges oder Kindliches zu haben, oder welchen Namen man der Befremdung geben mag, die man vor ihr empfindet – bis man sich mit ihr einläßt. Dann sieht man, wie wirklichkeitsgemäß, wie wahr sie ist. Von einer Wahrheit, die nicht aus Entdeckungen kommt, die heute gemacht werden und morgen überholt sind, noch aus Theorien, die immer nur Teile und Blickflächen, nie das Ganze erreichen; einer Wahrheit vielmehr, die aus dem ewigen Ursprung kommt und die ganze Wirklichkeit erfaßt.

Die Wissenschaft ist eine hohe Aufgabe, doch darf man aus ihr nicht mehr machen, als sie ist. Darf sich durch sie nicht einschüchtern lassen, wo ihr kein Recht zusteht. Die letzten Fragen werden von ihr nicht beantwortet; auf die kommt die Antwort von Gott.

Eine solche Lehre, wie die von den Engeln, ist Offenbarung. Von ihr könnte man in manchen Kreisen nicht reden; alles würde lächeln. Dennoch sagt sie uns über den Menschen etwas, das keine Wissenschaft noch Philosophie zu sagen vermöchte: Daß er nicht auf eigene Faust im Dasein steht. Er existiert nicht aus den Tiefen der Natur, nicht aus dem Prozeß der Geschichte und des Geistes, nicht aus dem Gefüge von Wirtschaft und Gesellschaft heraus, sondern ist Person, hat Würde und Verantwortung. Doch ist er immer in Gefahr, diese zu vergessen oder zu übersteigern; seine Person an irgendwelche Mächte zu verlieren, die ihm dafür Wohlfahrt und Macht verheißen, oder sich selbst zum Herrn über das Schicksal zu machen. In dieser Gefahr ist er von Wesen umgeben, die ihm helfen, Ich zu sein, Verantwortung zu tragen, und das in Wahrheit und Maß. Aber auch von Wesen, die ihn aus dem Willen Gottes reißen wollen, in dessen Erfüllung er überhaupt erst wirklich Mensch wird.

Von hier aus versteht man das Wesen der Person tiefer, als aus allen bloß psychologischen oder philosophischen Erwägungen.

II
Der Wille des Vaters

Die voraufgehende Meditation hat den zweiten Teil der Bitte bedacht: wer das nämlich sei, der im Himmel den Willen des Vaters vollkommen erfüllt. Wir haben gesehen, daß es die Engel sind, und das hat zu der Frage geführt, wie es mit ihnen stehe. Nun wenden wir uns dem ersten Teil der Bitte zu, der lautet: „Dein Wille geschehe!“

Geheimnisvolle Worte! Wir rufen Gott an, sein Wille möge sich verwirklichen – aber wer ist denn Der, den wir so anrufen? Er ist der Allmächtige; also Jener, der vermag, was Er will, einfachhin, weil es für seinen Willen kein Hindernis gibt, seine Macht absolut ist. Und Er ist der Allheilige; also Jener, dessen Wollen einfachhin gut ist, wahr, recht und fruchtbar, so daß kein Grund besteht, warum es sich nicht erfüllen sollte. Was kann das dann heißen, wenn der Herr uns bitten lehrt, dieser Wille möge geschehen? Genügt es dafür nicht, daß der Vater wolle? Kann es denn überhaupt sein, daß er nicht geschehe? Wir wollen der Frage sorgsam nachgehen. Sie wird uns tief ins Verständnis unseres Daseins führen.

Wann hat Gott zum ersten Mal mit Bezug auf uns „gewollt“? Wir fühlen die Unzulänglichkeit der Frage, denn was soll es mit Bezug auf den Ewigen bedeuten, wenn nach einem „ersten Mal" gefragt wird? Aber wir in die Zeit Eingeschlossene können es ja nicht anders machen. Wann geschah das also? Am Anfang aller Dinge, als Er die Welt schuf.

Das hat Er ganz und rein getan. Er hat sie nicht auf Grund irgendwelcher Vorgegebenheiten geformt, aus einem Ur-Chaos oder nach Ur-Bildern, wie es der Mythos erzählt, denn ohne Gottes Schaffen war nichts. Er hat die Welt auch nicht aus Ihm selbst erfließen lassen, wie Plotin sagt; noch sie, wie die idealistische Philosophie meint, sich entgegengesetzt, um an ihr seiner selbst bewußt und mächtig zu werden. Jede Form des Pantheismus ist Unreinheit des Geistes, denn er verdirbt den Begriff von Gott, wie den von der Welt. Sondern Gott hat die Welt „geschaffen". „Zuerst" war nichts. Damit ist nicht jenes Gespenst der Wesenlosigkeit gemeint, von dem heute so viel geredet wird, sondern das saubere, klare Gar-Nichts. „Dann" wollte Gott, Welt solle sein, und sie wurde. Noch einmal gesagt: es ist ungemäß, hier von einem „zuerst" und einem „dann" zu reden, denn „Zeit" ist erst durch Ihn geworden. Aber so müssen wir eben reden, kein philosophischer Scharfsinn führt daran vorbei – oder ganz schweigen.

Die Welt ist also, weil Gott gewollt hat, daß sie sei. Und Er hat es gewollt – weil Er gewollt hat. Damit endet der Gedankengang. Die Welt hängt in seiner souveränen Freiheit. Großes Wunder, das Dasein des Endlichen! Zunächst scheint es, als sei die Welt das Gewisse, und das Problem bestehe darin, ob „es Gott gebe", und wie Er dann zu denken sei. Das ist aber Schein; Täuschung der durch ihren Eigenwillen blind gewordenen Endlichkeit. In Wahrheit ist Gott der Selbst-Herrliche und Selbst-Verständliche, absolut in Sein und Sinn – Frage hingegen, wie „außer Ihm" Endliches sein könne.

Wahrlich, das Endliche, wir selbst und die Welt, sind Geheimnis; anzunehmen, gar als sinnvoll zu empfinden nur aus Seinem heilig-freien Willen. Einmal wird sich auch alles umwenden, und wir werden richtig sehen. Paulus sagt es im ersten Korintherbrief: „Jetzt sehen wir durch einen Spiegel, im Rätsel, dann aber von Angesicht zu Angesicht. Jetzt erkenne ich im Stückwerk, dann aber werde ich erkennen, so wie ich [von Gott] erkannt bin", das heißt ganz und bis in den Grund (13,12). Wie es nun damit stehen möge – die Welt ist Verwirklichung von Gottes Willen. Endliches Sein ist wesenhaft Gehorsam.

Gehorsam, Erfüllung von Gottes Willen, sind die Dinge und Geschehnisse in der Welt; denn Gott hat gewollt, daß sie seien, wie sie sind, und sich verhalten, wie es geschieht. Was Erfahrung und Wissenschaft uns zeigen, vom Atom bis zum Welt-Ganzen, samt allem dazwischen; die Vielfalt der Energien und Stoffe, Gestalten und Vorgänge; das unabsehbare Getriebe der Weltkörper, und unter ihnen, verschwindend klein vor ihren erdrückenden Größen, aber Ort unserer Existenz, die Erde – alles das ist, weil Gott gewollt hat, daß es sei. Die Gesetze aber, nach denen alles besteht und sich verhält, sind Ausdruck seines Willens. Er hat auch gewollt, daß Leben sei; Pflanzen in der Fülle ihrer Erscheinungen, die grünen, blühen und Frucht tragen. Gott hat gewollt, daß Wesen da seien, die sich aus innerem Antrieb bewegen und ihre Umwelt um sich her aufbauen, die Tiere. Sie alle haben ihr Wesensbild in sich, nach dem sie sich verwirklichen und verhalten. Diese Bilder sind Ausdruck seines Willens, und ihre Verwirklichung ist ein Gehorsam, der nirgends und nie durchbrochen werden kann, weil dadurch das Lebewesen selbst zerstört würde.

Der Bericht der Genesis breitet das ungeheure Geschehen der Erschaffung vor unseren Augen aus, und immer wieder heißt es: „Gott sprach: ‚es werde'" – und es ward. Was aber ward, war „gut" und „sehr gut" (Gen 1,4.31); richtig, seinswürdig, durch Ihn verantwortet und von Ihm geliebt.

Dann aber geschah der große Schritt: „Gott sprach: ‚Lasset uns Menschen machen nach unserem Bilde, uns ähnlich. Sie sollen herrschen über die Fische im Meer und über die Vögel in der Luft, über das Vieh und über alles Wild des Feldes und über alle Tiere, die sich auf der Erde regen.' Und Gott schuf den Menschen nach seinem Bilde, nach dem Bilde Gottes schuf Er ihn, als Mann und als Weib schuf Er sie." (Gen 1,26–27) So wurde nach Gottes Willen ein Wesen, das anders ist als das Tier. Wohl trägt es die Möglichkeiten des Tieres in sich, aber einbezogen in einen neuen Sinnzusammenhang, der sich in keinem Tier findet, nämlich des Geistes. Der Mensch nimmt die Dinge nicht nur wahr, sondern versteht sie, ihr Wesen und ihre Ordnungen, Ursache und Wirkung, Ursprung und Ziel, Zweck und Sinn. Der Mensch ist nicht nur tätig, sondern er handelt; nicht genötigt wie das Tier, sondern frei. Freiheit aber bedeutet, daß er nicht in den Kreislauf der Ursachen und Wirkungen eingeschlossen ist, sondern selbst und aus sich heraus anfangen kann, „Initiative" hat.

Indem der Mensch so den Dingen begegnen, sie verstehen, ergreifen, gestalten würde, sollte er jene Welt bauen, die Gott eigentlich gemeint hat. Auch das aber im Gehorsam gegen seinen Willen, und nun in dessen eigentlicher Form: als Gehorsam des geistbestimmten Wesens, in Erkenntnis und Freiheit. Gott hat dem Menschen die Welt in die Hand gegeben, auf daß er „sie bebaue und bewahre" (Gen 2,15), ihr Werden in den Raum der Freiheit weiterführe.

Wenn wir den Anfang des Menschen denken, dürfen wir nicht im Natürlichen stecken bleiben, denn Gott hat sich ihm in einer Weise zugewendet, die über das der Natur Gemäße hinausgeht. Er hat ihn „gemeint" – so gemeint, wie Einer es tut, wenn er zum Anderen sagt: „Du bist mir wert; ich bin dir gut; ich stehe zu dir." Dieses Meinen drückt die Offenbarung mit dem Satz aus: Gott liebt den Menschen. Das bedeutet nicht nur Güte oder Wohlwollen, sondern etwas ganz Persönliches; eine Verbundenheit, an der Ihm liegt. Diesem Menschen hat der Schöpfer seine Welt anvertraut, und damit er das Vertrauen rechtfertigen könne, hat Er ihm Anteil gegeben an seiner eigenen heiligen Kraft: wir nennen das die Gnade. Aus solchem Einvernehmen sollte Leben und Werk des Menschen hervorgehen.

Der Ausdruck von alledem war das Paradies. Es war die Nähe, in die Gott zum Menschen getreten ist; die Freude, die Er an ihm gehabt hat. Alles Große sollte im Paradies werden, Menschenleben und Menschenwerk; aber im Gehorsam der Ehrfurcht und der Treue, im Einvernehmen der heiligen Nähe.

Wenn Gott dem Menschen Freiheit gibt, dann tut Er das aufrichtig und redlich, und die Redlichkeit dieses Freigebens in eigenen Stand und Willen bedeutet, daß der Mensch „Ja", aber auch „Nein" sagen kann. Gott hat also das Unerhörte getan, die Erfüllung seines Willens in die Freiheit des Menschen zu geben. Sofern sich sein Wille in den Naturgesetzen ausdrückt, muß er geschehen; sie sind Formen der Notwendigkeit. Sofern er das Wachstum der Pflanzen und das Leben der Tiere bestimmt, kann er nicht unwirklich bleiben; auch hier waltet Notwendigkeit. Sofern aber Gottes Wille sich der Freiheit des Menschen anvertraut hat, „muß" er nicht, sondern „soll" geschehen – und der Mensch kann es auch verweigern ... Lassen wir uns nahekommen, was für ein Gott da verkündet wird: Einer, der das, was Er liebt, seine Schöpfung, der Freiheit des Menschen anvertraut, der es bewahren und verderben kann!

Und er hat es verdorben. Wir werden belehrt, daß er Gott verraten, sich gegen Ihn empört hat – eine Tat, deren Gewicht nicht zu messen ist. Denn was sie wiegt, wird an den Wirkungen deutlich, die sie verursacht, und an dem Schicksal, mit welchem der Erlöser sie gesühnt hat. Das ganze Dasein steht unter dem Zeichen dieser Tat. Niemand versteht den Menschen, nicht sein Wesen, noch seine Geschichte, der die Schuld am Anfang aus den Augen läßt.

Aus dieser Tat zieht aber Gott nicht die Konsequenz, sein Werk zu verwerfen, sondern Er hält es aufrecht. Das ist rasch gesagt, und doch ein großes Mysterium. Kann der absolute Gott denn ein Endlich-Geschaffenes so über Verrat und Empörung hinaus werthalten? Wir sind schon einmal auf einen indischen Mythos aufmerksam geworden, der die Schwere der Frage nahebringt: sobald der Gott Shiwa die Welt hervorgebracht hat, findet er für eine Weile Gefallen an ihr; dann wird er ihrer überdrüssig, tritt sie in Scherben und macht eine neue. Der Mythos drückt unsere Frage aus: Kann das Endliche dem absoluten Gott so wert bleiben, daß Er es für immer aufrecht hält? Müßte Er nicht durch das Mißverhältnis, in welchem jede Endlichkeit zu Ihm steht, des Geschaffenen überdrüssig werden? Dann gar, wenn es sich wider seinen Willen stellt? Gott aber hat den Bund, der schon in der Erschaffung lag, gehalten und seinem Werk die Treue bewahrt. Eine Treue, deren Weise und Größe den Menschen vor die Entscheidung stellt, zu glauben und anzubeten, oder sich aufzulehnen und Ärgernis zu nehmen – Ärgernis um Gottes selbst willen, indem er urteilt, ein solcher Gedanke bringe den Absoluten in den Unsinn.

Und zwar hat Gott die Verantwortung für die Schuld der Welt auf sich genommen. Der Wille des Vaters hat den Sohn in die Welt gesandt, daß Er Mensch werde und es bleibe in Ewigkeit; der Gesendete aber hat den Willen des Vaters in seinen Willen aufgenommen und erfüllt. Da sind, in Gott, Gebot und Gehorsam eins geworden: der Gehorsam so göttlich wie das Gebot. Da wurde die Ungeheuerlichkeit der menschlichen Auflehnung gesühnt, und im Dasein öffnete sich ein neuer Anfang, von dem aus der Wille des Vaters wieder und in neuer Weise zur Ordnung der Freiheitswelt werden sollte.

Immer kehrt im Munde Jesu das Wort vom Willen des Vaters wieder. Der ist Sinn und Mitte seines Lebens. „Meine Speise ist“, so sagt Er, „daß Ich den Willen Dessen tue, der mich gesandt hat.“ (Joh 4,34) Diesen Willen verkündet Er als das Entscheidende: „Nicht jeder, der zu mir sagt: Herr, Herr!, wird in das Reich der Himmel eingehen; sondern wer den Willen meines Vaters tut, der in den Himmeln ist, [der wird in das Reich gelangen].“ (Mt 7,21) Und dafür, daß der heilige Wille in der Welt verwirklicht wird, hat Jesus ein wunderbares Wort, wir haben es lange bedacht: „Reich Gottes“. Es ist der Zusammenhang jener Menschen, Gesinnungen, Handlungen, in denen Gottes Wille regiert.

Im Herzen Jesu aber, von dem gesagt ist, daß Er „wußte, was im Menschen ist" (Joh 2,25), war die Sorge, der neuen Möglichkeit des Reiches Gottes könne es ergehen, wie es der ersten ergangen ist; der Mensch, der zum Paradies Nein gesagt hat, weil er seine eigene Herrschaft wollte, könne auch das Reich Gottes verneinen, wie es aus der Erlösung kommt, weil er sein eigenes Reich will. Aus dieser Sorge lehrt Er uns zu sprechen: „Dein Wille geschehe!" Damit gibt Er dem Menschen, der glaubt, die gleiche Sorge um Gottes Reich ins Herz; um jene Ordnung der Dinge, in welcher der Wille Gottes geschieht. Er lehrt ihn bitten, der allmächtige Gott, der die Macht der Gnade hat, möge geben, daß sein Reich nicht zerstört werde.

Wie ist das aber? Widersprechen wir uns hier nicht? Wir haben doch gesagt, das Besondere des Menschen bestehe in der Freiheit: wird die nicht aufgehoben, wenn Gott „gibt", daß der Mensch Seinen Willen tue? Wir haben uns gesagt, das Geheimnis von Gottes Großmut bestehe darin, daß Er seinen Willen in die Freiheit des Menschen wagt: verschwindet diese Großmut nicht in ein neues Sicherheitsverhältnis, wenn der Allmächtige „gibt", daß geschehe, was Er will? Wir stehen hier vor dem Geheimnis der Gnade. Das können wir nicht verstandesmäßig auflösen, wohl aber derart in den Blick bekommen, daß gerade seine Unbegreiflichkeit sich uns als Wahrheit offenbart.

Der Mensch ist von Gott frei geschaffen und soll im Fortgang seines Lebens zur vollen Freiheit gelangen. Diese besteht aber nicht darin, daß der Mensch aus dem „Feld" des göttlichen Waltens heraustrāte und autonomer Herr seiner selbst würde, sondern sie verwirklicht sich gerade dadurch, daß er rein in den Willen Gottes gelangt, denn dieser Wille ist das Gute. Die Freiheit ist kein Eigenrecht des Menschen, das er von irgend sonsther hätte und gegen Gottes Herrschaftsanspruch verteidigen müßte, sondern er ist frei, nämlich Mensch, durch eben den göttlichen Willen, und seine Freiheit wächst in dem Maße, als dieser Wille in ihm mächtig wird.

Das ist kein Widerspruch, sondern die Undurchdringbarkeit des menschlichen Existenzkerns. Für sie gibt es einen – von Gott selbst geschaffenen – Vorentwurf, und zwar in der Bedeutung, welche die Liebe eines Menschen für einen anderen gewinnen kann. Nicht die Liebe bloßen Gefühls, sondern die wirkliche, personale; jene Gesinnung also, in welcher dem Liebenden der Andere wichtiger wird, als er sich selbst ist. Er will, daß Jener recht werde, gut und wahr; daß er sich zu seinem eigentlichen Wesen erfülle. Diese Gesinnung ist eine Macht; in ihr wird die ganze Persönlichkeit wirksam, Geist und Herz und alle Kräfte des unmittelbaren Lebens. Wenn sie sich auf den Ändern richtet – macht sie ihn dann unfrei? Nur soviel, als in ihr noch Selbstsucht ist, ein Haben- und Herrschenwollen, samt all der Enge und Gewalttätigkeit, die daraus kommt. Soviel sie aber rein ist, ruft sie den Menschen, den sie meint, zu seiner eigenen Freiheit, denn nur von ihr aus kann er ja doch jener werden, der er sein soll.

Das ist ein Bild, aber eines, das Gott selbst als Vorentwurf für das Geheimnis seiner Gnade geschaffen hat. Wenn das Herrengebet Gott bittet, Er möge geben, daß sein Wille geschehe, dann ruft es seine Liebe; die aber will nichts anderes, als daß der Mensch in Wahrheit werde, was er sein soll, nämlich im Willen Gottes frei.

Kehren wir zurück: Wie die Geschichten der Menschen nun wirklich gehen, wer von ihnen das Reich Gottes aufnehmen und entfalten, wer ihm gleichgültig gegenüberstehen, wer es bezweifeln, anfeinden, zerstören wird, ist verhüllt. So drängt alles auf ein Ereignis zu, in welchem das Dasein offen und endgültig in Gottes Willen gestellt wird: das Gericht. Von dem her, was wir hier bedacht haben, könnte man seinen Sinn so bestimmen, daß der Richter zum Menschen spräche: „Wie du dich zum Willen Gottes gestellt hast, so soll dir geschehen."

Diesem Urteil kann nicht mehr widerstanden werden, denn es ist von Gottes Allmacht getragen. Es ist aber auch unwidersprechbar, weil in ihm die Wahrheit von Gut und Böse offenbar wird. Die Möglichkeit, zu dieser Wahrheit Nein zu sagen, gehört zur ersten Freiheit, jener der Erde, wo alles in Verhüllung und Kampf steht. Einmal wird aber die Verhüllung fallen und der Kampf entschieden sein; dann öffnet sich die Freiheit der Ewigkeit. Dann steht die Wahrheit mit solcher Macht im Raum, daß es nicht mehr möglich ist, sie zu verkennen; und der Mensch ist so bis in den Grund seines Wesens mit dem heiligen Willen eins, daß er sich selbst aufheben müßte, wollte er ihr widersprechen.

Folgendes wird dann sein, und es ist ein Gedanke zum Jubeln und zum Erschrecken: die Wahrheit wird so viel Macht haben, als sie wahr ist. Heute, in der Geschichte, ist es fast umgekehrt: je wahrer ein Gedanke in sich, desto schwächer erweist er sich im Kampf der unmittelbaren Wirklichkeit; je edler ein Wert, desto leichter wird er zur Seite geschoben; je höher eine Gesinnung, desto schneller ist sie lächerlich gemacht. Wenn einst die Ewigkeit aufgeht, wird das Gute so mächtig sein wie es gut ist. Dann steht der Mensch im Licht und kann nicht anders, als mit seinem ganzen Wesen den Willen Gottes bejahen. Dann erst ist er wirklich frei – frei vom Bösen, zur Wahrheit und zum Guten.

„Unser tägliches Brot gib uns heute“

I
Das tägliche Brot

Wir stehen vor jener Bitte des Herrengebetes, in der sich das Vertrauen des vielbedürfenden Menschen zum gütigen Gott so rein ausspricht, und die lautet: „Unser tägliches Brot gib uns heute!“

Bevor wir auf ihren Inhalt eingehen, wollen wir uns zuerst des Textes vergewissern. In ihm steht ein Wort, dessen Bedeutung nicht ohne weiteres klar ist, daher es denn auch in vielfacher Weise übersetzt wird. Was wir mit dem deutschen Wort „täglich“ wiedergeben, heißt im Griechischen *epioúsios* und kommt im Neuen Testament nur an dieser Stelle vor. Manche Übersetzer geben ihm einen zeithaften Sinn und sagen, es bedeute das Brot „für den nächsten Tag“; so daß der Sprechende, der im Heute steht, Gott bitten würde, Er möge geben, was sein Leben auch morgen nährt, und ihn so von der Sorge für die nächste Zukunft befreien. Andere übersetzen: Das Brot, das uns „jeden Tag“ ernährt, gib uns auch heute; so der lateinische und der von ihm bestimmte deutsche Text, Wieder Andere sehen in dem Wort eine Eigenschaftsbestimmung und meinen, es bedeute das Gemäße, Wesentliche, Notwendige. Danach würde um das Brot gebeten, das für uns „richtig“ ist, uns wohltut. Endlich findet sich noch eine vierte Deutung, die mit der johanneischen Gedankenwelt und der Welt des Mysteriums zusammenhängt. Sie knüpft an den Bestandteil an, der vom griechischen *ousía*, Wesen, kommt, und versteht das Wort im Sinne von „über-wesentlich", alles Natürliche übersteigend. Danach wäre das Brot der Eucharistie gemeint, von dem Jesus sagt, es sei „das wahre Brot, das vom Himmel [kommt]" (Joh 6,32).

Wie es nun auch damit stehen möge – jedenfalls erhebt sich aus dieser Bitte das Bild des Vaters als des großen Hausherrn der Welt, der für die Seinen Sorge trägt, so daß sie sicher sein dürfen, wenn sie mit Vertrauen zu Ihm gehen und bitten, werde Er ihnen spenden, was not tut. Wir fühlen uns an die Worte des Psalms erinnert: „Die Wesen alle warten auf Dich, daß Du ihnen Speise gebest zur rechten Zeit. Spendest Du ihnen, so lesen sie's auf, öffnest Du Deine Hand, sind sie mit Gutem gesättigt." (103 [104], 27–28)

Wie der Sinn aber auch verstanden werden müßte, er wäre immer groß und schön. Jesus, der vom Bewußtsein der Liebe und Macht seines Vaters erfüllt ist, würde mahnen: Geht zu Ihm und bittet um das, was not tut; Er wird es euch geben.

Nun wollen wir tiefer dringen und fragen, was denn mit dem Wort „Brot" gemeint sein könne. Denn die Reden der Schrift bestehen wohl aus Worten einer bestimmten Persönlichkeit, zu einer gegebenen Zeit und in einer lebendigen Situation gesprochen; was aber in ihnen redet, ist göttliche Tiefe – dann vollends, wenn Jesus es ist, der sie spricht. So erschließen sie sich erst allmählich, aus ihnen selbst wie auch aus der Beziehung, in welcher sie zu anderen stehen. Was bedeutet also das „Brot"?

Zunächst die Grundform der Speise; das, was aus der Frucht des Ackers bereitet wird. Doch hat „Brot" und „Brot-Essen" im Neuen Testament eine weitere Bedeutung und meint das Mahl einfachhin. So lesen wir zum Beispiel, daß Jesus vom Speisen der Armen redet, und einer der Zuhörer sagt: „Selig, der im Reiche Gottes Brot essen", das heißt, am himmlischen Mahl Anteil haben wird (Lk 14,15). Wie denn in der Sprache des Alten Testaments „Brot brechen" soviel besagt wie Mahl halten; denn zu dessen Beginn nahm der Hausherr Brot vom Tisch, dankte, brach es und gab jedem ein Stück. Damit war die Gemeinschaft des Mahles hergestellt. Dann sehen wir aber, wie der Sinn des Wortes wächst. Wir erinnern uns an das, was Johannes im sechsten Kapitel erzählt. Da hat Jesus die Hungrigen in der Wüste gespeist, hat sich dann in die Einsamkeit zurückgezogen und ist schließlich über den See nach Kapharnaum gegangen. Unterdes sind dort die Leute zusammengelaufen, und Er sagt zu ihnen: „Ihr sucht nach mir nicht deswegen, weil ihr Zeichen gesehen" – ergänze: und sie verstanden –, „sondern weil ihr von den Broten gegessen habt und satt geworden seid", und das soll, meint ihr, wieder geschehen. Müht euch doch nicht so um irdische Speise! Es gibt ein anderes Brot, das nicht von der Erde ist, sondern „vom Himmel herabkommt und der Welt Leben gibt". Das ist das eigentliche – und dann kommt der ungeheure Satz: „Das Brot des Lebens bin Ich!"

Damit ist zunächst gemeint, daß Er das Verlangen des Menschen nach der Wahrheit sättigt: „Wer zu Mir kommt, wird nicht mehr hungern", das heißt, ungestillt bleiben, „und wer an mich glaubt, wird nie mehr dürsten" (6,26–35). Er, mit seinen Worten, mit allem, was Er tut und ist, stillt den Hunger des Menschen nach dem Eigentlichen. In den „Seligpreisungen" der Bergpredigt, nahe bei der Stelle, wo das Vaterunser steht, werden ja jene gepriesen, die „hungern und dürsten nach der Gerechtigkeit“ (Mt 5,6). Diesen Hunger nach Wahrheit und Gerechtigkeit und Liebe und Frieden stillt Er, wenn der Mensch Ihn glaubend in sein Leben aufnimmt.

Da murren die Zuhörer, weil Er sich so Großes herausnehme; seine Botschaft aber tut einen Schritt in noch Größeres, scheinbar alle Maße des Verständigen und Gemäßen Überschreitendes und sagt: „Ich bin das lebendige Brot, das aus dem Himmel herabgekommen ist. Wenn Einer von diesem Brote ißt, wird er leben in Ewigkeit; das Brot aber, das Ich geben werde, ist mein Fleisch für das Leben der Welt!“ Die Hörer empören sich: „Da stritten die Juden untereinander und sprachen: Wie kann dieser uns sein Fleisch zu essen geben?“ Er aber wiederholt und verstärkt sein Wort: „Wahrlich, wahrlich, Ich sage euch: Wenn ihr das Fleisch des Menschensohnes nicht esset und sein Blut nicht trinket, habt ihr das Leben nicht in euch ... Wer mein Fleisch ißt und mein Blut trinkt, bleibt in Mir und Ich in ihm.“

Für den alttestamentlichen Menschen kam jedes Mahl, auch wenn er sich dessen nicht besonders bewußt wurde, vom Altar; es war Opfermahl. So bedeutet Jesu Aussage weiter: Das alles sühnende Opfer bin Ich. Die Worte: „mein Fleisch“, das heißt, mein Leib „für das Leben der Welt“, verkünden seinen Tod, aus dem das Brot der Christusgemeinschaft kommt, das Geheimnis der Eucharistie. Darin bricht bei vielen Hörern, auch unter seinen Jüngern, das Ärgernis aus: „Hart ist die Rede, wer kann sie anhören?“ (Joh 6,51–60) Die Geister scheiden sich.

Die Botschaft vom Brot und seiner Fülle vollendet sich dort, wo das Ewige Leben selbst unter dem Bild eines Mahles erscheint. In der Apokalypse heißt es: „Und Er spricht zu mir: ‚Schreibe: Selig, die zum Hochzeitsmahl des Lammes gerufen sind!'" (19,9) Noch inniger im dritten Kapitel: „Siehe, Ich stehe vor der Tür und klopfe an. Wenn einer auf meine Stimme hört und macht die Tür auf, bei dem will Ich eintreten und Mahl halten mit ihm und er mit Mir." (3,20) Der Herr steht vor der Türe des Herzens und klopft an, und wer Ihn einläßt, mit dem feiert Er das Mysterium des ewigen Mahles, in welchem das der Eucharistie sich vollendet.

Wie weit im Vaterunser schon an diese Zusammenhänge gedacht sei, soll dahingestellt bleiben. Sie bestehen aber, und in der Heiligen Schrift, deren Aussagen eine einzige Wahrheit sind im Heiligen Geist, führen die verschiedenen Worte einander fort. Wenn uns also der Herr durch sein Gebet sagt, wir sollen zum Vater gehen und Ihn um das Brot bitten, dessen wir bedürfen, dann reicht dieses „Brot" von der Speise auf dem häuslichen Tisch bis ins Geheimnis der ewigen Gottesgemeinschaft.

Doch müssen wir uns noch etwas zum Bewußtsein bringen, das gern übersehen wird. Man hat die Bitte um das tägliche Brot auf alles ausgedehnt, dessen der Mensch bedarf, um ein fruchtbares und reiches Leben aufbauen zu können. War das richtig? Wenn wir die Bitte so hören, wie sie unmittelbar redet, dann fühlen wir in ihr einen Geist der Bescheidung, ja der Dürftigkeit, so daß wir auf den Gedanken kommen könnten, der diese Bitte mit Fug spreche, sei eigentlich nur der Arme. Wir sind ja bereits auf die Nachbarschaft aufmerksam geworden, in der das Herrengebet zu den „Seligpreisungen" steht, deren erste lautet: „Selig die Armen!" (Mt 5,3)

Das ist beunruhigend, denn wie steht es dann mit unserem Besitz? Mit dem Reichtum des Lebens? Und nicht mit dem schlimmen, falsch erworbenen, sondern auch dem ehrlichen? Ist das die Situation, aus der heraus wir mit voller Zuversicht das Vaterunser sprechen dürfen? Lassen wir die Frage zu; denken wir einmal darüber nach, ob man, wenn schon aus ihr nicht alle Konsequenzen, dann doch wenigstens diese eine ziehen sollte, daß der Christ im Sinne Jesu eigentlich nur das besitzen darf, worum er auch guten Gewissens den Vater bitten kann ...

Über das Gesagte hinaus lehrt der Satz des Vaterunsers, daß unser Leben auf Bitten, Gewähren und Danken aufgebaut sein soll – und das ist für uns Heutige nicht leicht zu verstehen. Das Weltbild der Heiligen Schrift sieht das Seiende einfachhin in Gottes Hand. Er weiß nichts von Naturgesetzen, sondern was immer geschicht, kommt unmittelbar aus Seiner Initiative. Wenn es regnet, ist Er es, der die Felder segnet. Wenn die Tiere ihre Nahrung verzehren, hat Er sie ihnen gegeben. Stößt einem Menschen etwas Schweres zu, dann war es Prüfung vom Herrn der Welt. Geht es ihm gut, dann hat Er es gnädig so gefügt. Diese Art, die Dinge zu sehen, hat eine Parallele im Geschichtlichen. Wenn ein Herrscher der alten Reiche kundtun will, was unter seiner Regierung geschehen sei, dann sagt etwa eine Inschrift: „Ich habe die und die Städte gebaut und sie mit Mauern umgeben."

Die wirklich gebaut haben, waren seine Ingenieure und Arbeitssklaven; er hat nur befohlen. Im Bilde dieses Herrschaftsverhältnisses fallen aber die Zwischen-Ursachen aus, und vom Herrscher, der befiehlt, zur Stadt, die entsteht, führt ein unmittelbarer Zusammenhang. Entsprechend hier: der Glaubende findet es selbstverständlich, mit seiner Bitte zu Dem zu gehen, der unmittelbar alles erhält und wirkt. (Freilich wächst dann – um das nur anzudeuten – die Frage, wie es mit dem Bösen stehe, und ob Gott auch das wirke, zu einer großen Schwierigkeit an.) Jedenfalls haben jene, denen gesagt wurde, sie sollten Gott um das tägliche Brot bitten, die Weisung ohne weiteres aufnehmen können.

Nachher hat sich aber die Welt aus der Unmittelbarkeit der göttlichen Verfügung herausgelöst. Der Begriff der Naturgesetze hat sich gebildet, die Welt ist zu einem Gefüge in sich laufender Wirk-Ketten geworden, und der Mensch, der vorher sozusagen zum unmittelbaren Haushalt Gottes gehört hatte, wurde sich seiner Selbständigkeit und Verantwortung bewußt. Nun war es viel schwerer, zu sagen, Gott möge das geben, was doch nach der täglichen Erfahrung aus den Zusammenhängen der Welt hervorging. Ja das neue Bewußtsein trieb, wie das bei frisch durchgebrochenen Einsichten immer geschieht, ins Unmaß. Die Welt wurde für „autark", sich selbst genügend, und der Mensch für „autonom", Herr seiner selbst und der Welt erklärt. Dadurch verlor das Bitten seine Selbstverständlichkeit, denn der Mensch bekam das Gefühl: bitten – warum? Die Welt gehört doch mir! Oder niemandem, und so viel mir, als ich erobern kann! Es entstand ein Begriff, der die sittliche Rechtfertigung dafür zu geben schien: der moderne Gedanke der Arbeit. An die Stelle des menschlichen Bittens und des göttlichen Schenkens trat die autonome Arbeit, deren Anstrengung in jeweils berechenbarem Verhältnis ihren Ertrag bringt. Nun schien das Bitten keinen Raum mehr zu haben.

Damit verschwand natürlich noch etwas anderes, nämlich der Dank. Für eine Weile wurde der Akt des Dankens noch an den Ersatz Gottes, an „die Natur“ gerichtet, bis der Mensch das Gefühl bekam: Das ist ja doch Unsinn! Weder „gibt“ die Natur, noch kann man ihr danken. Sie ist, wie sie sein muß, und in ihr geschieht, was nach ihren Gesetzen nicht anders möglich ist. So trat an die Stelle des Dankens das Bewußtsein des Arbeitenden, die Leistung sei richtig gegangen, und ihr Ertrag entspreche den Erwartungen.

Da wurde das Leben hart – innerlich hart, wie es nicht anders sein kann, wo es nur nach Recht und Rechnung geht. Und eine tiefe Unwahrheit kam hinein; denn es ist ja nicht wahr, daß das Dasein des Menschen bloß, ja auch nur in erster Linie aus Leistung und Ertrag besteht. Aus welcher Erfahrung wächst denn das Kind herauf – vorausgesetzt allerdings, daß es Eltern hat, die es lieben und selbst die richtige Herzensbildung haben? Es fühlt sich von deren Sorge umgeben; weiß, daß alles, was es hat, von ihnen kommt, und erlebt immerfort, daß es sie bitten kann, wenn es etwas braucht, und danken soll, wenn sie es geben. Das ist die Ur-Situation des jungen Lebens; sie wirkt in das ganze spätere Dasein hinein.

Immer wieder empfangen wir doch von Menschen: der Freund vom Freund; der in Liebe Verbundene vom Andern. Immerfort empfangen wir aus den Fügungen des Lebens, wie sie sich um uns her bilden. Aber vorher schon hat jeder empfangen, daß er überhaupt arbeiten und leisten könne. Die Sprache redet sehr schön von den „Begabungen“ eines Menschen; den „Gaben“, die seine Eigenart und seine Kraft ausmachen. Gewiß arbeitet er und leistet; aber die Kräfte, mit denen er das tut, auch die eigensten, ursprünglichsten, schöpferischsten sind ihm gegeben. Gar nicht davon zu reden, daß seine Existenz selbst ja nicht aus Eigenem heraus besteht, sondern daß er gezeugt und geboren ist.

Und haben wir es uns einmal zu Gefühl und Bewußtsein kommen lassen, daß der Handelnde, wenn er sich vergewissern will, was in irgend einer Situation als Wirklichkeit vorliegt, nach den „Gegebenheiten" fragt? Der Denkende, wenn er ein Problem sachgerecht lösen will, zuerst feststellt, was „gegeben", ins Sein gegeben sei? Die Sprache ist weise; wir tun gut, auf sie zu hören. Nicht umsonst sind die Vergewaltiger des Menschen überall daran, auch der Sprache Gewalt anzutun.

Der Wille der Totalisten, die menschliche Sittlichkeit auf die Arbeit als die Quelle unserer Existenz zu gründen, ist falsch – ebenso wie falsch ist der Begriff der Leistung als des einzigen Maßstabs menschlichen Wertes. In Wahrheit ist, was das Dasein trägt, zutiefst Gabe und Dank. Davon zu wissen, macht frei. Deshalb ist ja der moderne Mensch so verkrampft, weil er sich eingeredet hat, er stehe in eigenem Stand, übe eigenes Recht und forme sein Leben durch eigene Leistung. Weil das aber nicht zu vollziehen ist, verfällt er immer mehr jener Macht, die bemüht ist, Gott zu verdrängen, nämlich dem absoluten Staat, und die Folge ist die Sklaverei der Arbeit.

Versuchen wir doch, im Gebet die Wahrheit zu vollziehen: „Herr, ich danke Dir, daß ich sein darf!" Das wird schwer, wenn das Dasein drückt; und dennoch, sein zu dürfen, atmen, denken, lieben, handeln zu dürfen ist Gabe, und dafür soll man danken. Das macht wahr und löst, je reiner und tiefer wir das tun; je mehr es uns gelingt, auch das Schwere, Bittere, nicht zu Verstehende in den Dank hineinzunehmen, desto tiefer wandelt sich das Grundgefühl des Daseins in das der Freiheit.

II
Die Vorsehung

Wir stehen an der vierten Bitte des Herrengebetes, die lautet: „Unser tägliches Brot gib uns heute." Die vorhergegangene Meditation hat zu verstehen gesucht, was das Neue Testament mit dem Wort „Brot" meint und seinen Sinn vom unmittelbar Gegenwärtigen bis in das Geheimnis des Sakraments und der Ewigkeit verfolgt. Nun soll uns die Frage beschäftigen, wie dieses Brot gegeben werde.

Der Satz des Vaterunsers bringt uns das Bild des Herrn der Welt vor Augen, Gottes, der seine Augen auf den Hausgenossen hat und ihnen gibt, wessen sie bedürfen. Das Bild führt uns von selbst zu jenem Gedanken, der Jesus so teuer war, und den Er mit solchem Nachdruck verkündet hat, nämlich der Vorsehung. Die beiden Lehren – vom Vater im Himmel, der den Seinen das Brot bricht, und von ebendieses Vaters Vorsehung – stehen zueinander in enger Beziehung; so ist es nicht zufällig, daß sie ihren reinsten Ausdruck im gleichen biblischen Zusammenhang finden, nämlich in der Bergpredigt; jener Sammlung von Lehren und Mahnungen, die Jesus in der Frühzeit seiner Verkündigung ausgesprochen hat, als alles noch offen war und sich noch keine festen Fronten gegen Ihn gebildet hatten.

Jesu Botschaft von der Vorsehung bezieht sich auf eine Frage, die jedes Menschen Herz stellen muß: wie die Dinge des Lebens vor sich gehen, wie sie miteinander zusammenhängen, und welches der Sinn dieses Zusammenhanges sei. Die Botschaft ist in verschiedener Weise ausgelegt worden; nehmen wir zwei heraus, die vor allem einleuchten könnten.

Die eine sagt: Gott hat alles nach der Wahrheit geordnet. Er hat jedem Seienden sein Werk gegeben, dem leblosen wie dem lebendigen, der Pflanze, dem Tier und dem Menschen. Jeder Bereich steht in seiner Ordnung, und die verschiedenen Ordnungen hängen wieder untereinander zusammen. Der Zusammenhang ihrer aller aber bildet die Weisheit des Weltalls. Wenn der Mensch diese versteht, sie annimmt und sich auf sie verläßt, dann lebt er in der Vorsehung. Danach bedeutet „Vorsehung“ das von Gott begründete Sinngefüge des Daseins; und um so tiefer lebt der Mensch in der Vorsehung, je reiner er dieses Gefüge versteht und je fester er ihm vertraut... Ein ernster und schöner Gedanke. Die ausgehende Antike, die chinesische Weisheitslehre, die Aufklärung des achtzehnten Jahrhunderts haben ihn gedacht und aus ihm edle Sittlichkeit und einen klaren Stil des Lebens gewonnen. Trifft er aber das, was Jesus meint? Offenbar nicht; in ihm fehlt sogar das Wesentliche, nämlich die Sorge des Vaters für den einzelnen Menschen – jeder von uns darf sagen: für mich. Durch jenen Gedanken wird der Mensch in eine unpersönliche Ordnung gestellt, die zwar richtig, aber nicht das ist, womit die Botschaft Jesu das Herz des Menschen so tief berührt; denn diese sagt nicht: Der Vater will seinen Geschöpfen wohl, sondern: Er meint dich.

Die andere Auslegung geht ins Gegenteil und sagt: „Vorsehung“ bedeutet, der liebende Gott, der alles weiß und vermag, sei dem einzelnen Menschen persönlich zugewendet. Gehe dieser dann vertrauend zu Ihm und sage: „Vater, ich brauche das“, dann gebe Er es ihm, einfachhin, über alle Naturordnungen hinweg, und das Wunder gehöre zu den Selbstverständlichkeiten des gläubigen Daseins ... Es ist die Haltung des Kindes, ebenso wie die einer ganz reif und rein gewordenen Frömmigkeit und scheint das, was Jesus meint, schlicht und echt zu verwirklichen. Bei genauerer Prüfung sieht man aber, daß sie etwas nicht ernst genug nimmt, das auch wichtig ist, nämlich die Wahrheit, welche Gott in die Dinge gelegt hat. Diese darf nicht zur Seite geschoben werden, mag es auch in noch so frommer Weise geschehen.

Wenn es uns um den vollen Sinn des Evangeliums zu tun ist, dann müssen wir es doch wohl anders versuchen. Jede der beiden Deutungen ist wichtig: daß in allem Sein und Geschehen die Weisheit des Schöpfers liegt, Wesen und Gesetz, weil sonst Chaos herrschte – aber auch, daß der Glaubende Gottes Kind ist und mit seinen Anliegen einfachhin zum Vater gehen kann, weil sonst keine Frömmigkeit wäre. Doch muß noch etwas weiteres hinzukommen, das der Weise Genüge tut, wie Gottes Wille im Menschen wirkt, sonst wird alles entweder zur Philosophie oder zum Märchen. Hören wir, was der entscheidende Text im Matthäusevangelium sagt: „Sorget euch also nicht ängstlich und sprechet nicht: was werden wir essen, oder: was werden wir trinken, oder: womit werden wir uns kleiden? Denn nach alledem trachten die Heiden. Es weiß ja euer himmlischer Vater, daß ihr all dessen bedürft. Sondern trachtet zuerst nach dem Reiche Gottes und seiner Gerechtigkeit, und dieses alles wird euch dazugegeben werden." (6,31ff)

Nun könnte Einer erwidern: Das ist dennoch ein Märchen! Das Märchen vom Schlaraffenland, nur zurückhaltender, stiller, frömmer erzählt. Wo bleiben darin das Naturgesetz und die Ordnung der Dinge mit ihrem Ernst? ... Was das Naturgesetz angeht, so muß zuerst eine kleine Bemerkung erlaubt sein. Es entdeckt und gültig durchdacht zu haben, ist eine gewaltige Leistung der Neuzeit. Damit hat sie die Weise erkannt, wie die Vorgänge der Natur sich vollziehen, und schreitet in dieser Erkenntnis beständig fort. Die besondere Bedeutung aber, die sie diesen Gesetzen gegeben hat, kommt aus sehr menschlichen Quellen. Sie haben nämlich zum Teil gegen den unerleuchteten Widerstand der Glaubenden herausgearbeitet werden müssen; so hat sich in das Gefühl, mit dem der Mensch der Neuzeit Naturgesetz und Naturwissenschaft ansieht, etwas Ungutes eingemischt: auf Seiten der Forschenden eine Feindseligkeit gegen den Glauben; auf Seiten der Glaubenden ein Mißtrauen gegen die Wissenschaft.

Ja, in den Begriff der Natur selbst, in die Art, wie sie empfunden wird, ist etwas Ungutes gekommen. Bei den ersteren eine hochmütige Unduldsamkeit, als ob es nur von der Wissenschaft her klare, vielleicht harte, immer aber echte Ordnung gebe, während der Welt des Glaubens etwas Unerwachsenes und Verschwommenes anhafte. Auf diese Einschätzung hat in den Glaubenden etwas ebenso Unerfreuliches geantwortet: ein Mißtrauen gegen die Natur selbst; eine Abneigung gegen ihr Gesetz; ein Gefühl, als ob es sich in ihr um etwas handle, das eigentlich mit Gott nicht zusammengehe; eine Art Lust, sie zu demütigen und zu zerbrechen. Aus dieser Wurzel ist auch jener seltsame Begriff des Wunders entstanden, der sagt, es bestehe in der „Aufhebung der Naturgesetze", als ob diese von irgend einer fremden Instanz kämen, die Gott seine Herrschaft streitig machte, während sie doch sein eigenes Werk sind, Ausdruck seines Wahrheitswillens. Wenn also Gott wirkt, dann hebt Er keine Wahrheit auf, macht nicht, daß zwei mal zwei fünf sei, sondern nimmt eine geringere Wahrheit in den Dienst einer höheren. Die Naturgesetze gehören Gott und sind Bilder seiner Weisheit; so muß der Glaube mit ihnen im Frieden leben, Ausdruck der Tatsache, daß der gleiche Gott, der die Offenbarung gibt, auch die Naturgesetze gegeben hat. Versuchen wir, in diesem Geiste ein tieferes Verständnis der Vorsehung zu gewinnen.

Wie geht denn aber das Leben vor sich? Können sich im Leben des einen Menschen die nämlichen Dinge zutragen wie in dem des anderen? Bis zu einer gewissen Grenze und von außen her gesprochen, ja. Für beide kann es die gleichen Witterungsverhältnisse geben, dieselben Pflanzen und Tiere, die nämlichen sozialen, politischen, geschichtlichen Zustände. Bereits hier bedeutet es aber einen Unterschied, welcher Sinnesart der betreffende Mensch ist: ob seiner selbst sicher und unbeherrscht, fühlend oder stumpf, mutig oder feige. Dann aber: auch von außen her kommt nicht alles an jeden Menschen heran. Sagen wir besser: nicht alles, was an ihn kommt, wird von ihm ins Gefüge seiner Existenz eingelassen, denn der Mensch ist lebendig. So geschieht das, was ihm geschieht, von zwei Seiten her: von außen, aber auch von innen. Wird zum Beispiel der ausgesprochen künstlerisch veranlagte Mensch das Gleiche erleben, wie einer, dessen Interessen auf

Wirtschaft und Technik ausgerichtet sind? Doch offenkundig nicht. Bestimmte Eindrücke kommen bei diesem oder jenem gar nicht zu Stande, weil er die Dinge, die das Erlebnis auslösen, nicht empfindet. Die Veranlagung jedes der beiden bewirkt eine Auslese; nimmt manches auf, läßt anderes abgleiten, bestimmt Haupt- und Nebensache, schafft eine Ordnung der Zwecke und Mittel. So entsteht jeweils eine Lebensgestalt eigener Art, die auch Schicksalsgestalt ist.

Selbst im Leben des gleichen Menschen gibt es solche Besonderungen. Etwa nimmt er, solange er Kind ist und ihm, wie es bei Kindern geschieht, Wirklichkeit und Phantasie ineinandergehen, die Familienvorgänge um ihn her in anderer Weise auf, als wenn er erwachsen wird und realistisch zu unterscheiden lernt. Infolgedessen werden zum Beispiel die gleichen Mißstände oder die gleichen fördernden Einflüsse in verschiedener Weise auf ihn wirken, aufgenommen oder abgewehrt werden.

Ja am nämlichen Tage können sich solche Unterschiede geltend machen. Jeder kennt das Gefühl, das sich zuweilen morgens einstellt, alles werde quer gehen. Es bedeutet, daß der Orientierungssinn, das Urteil für Maß und Verhältnis, das Antworten auf die jeweilige Situation nicht in Ordnung sind; daher wird der Erfahrene an einem solchen Tag nichts Wichtiges unternehmen, wenn er nicht muß. An einem anderen Tage hingegen fühlt er, alles werde gut gehen, und so geschieht es auch wirklich. Beide Male der gleiche Mensch und die gleichen Geschehnisse, aber der innere Zustand ist verschieden; so wird verschieden auch die Art, wie er die Dinge erfährt, wie er sich ihnen gegenüber verhält, und welche Folgen sie für sein Leben haben.

Bis jetzt war von Veranlagung und Lebenszustand die Rede. Die Unterschiede können aber auch im Sittlichen, in der Gesinnung liegen. Ein Mensch, der nur an Materielles denkt, nichts will als Vorteil und Genuß, und einer, der fähig ist, durch eine Idee begeistert, durch ein öffentliches Unrecht erschüttert zu werden – haben die das gleiche Leben? Doch gewiß nicht. Wo der eine unberührt bleibt, wird der andere in Schicksal verflochten... Der Selbstsüchtige, der sich zur Mitte von allem macht und an andere nur denkt, sofern sie für ihn in Betracht kommen; oder jener, der fühlt, die Anderen haben auch ihr Recht und manche sind für ihn wichtiger, als er sich selbst – wird deren Leben nicht verschieden gehen? Verschieden im einzelnen Fall wie im ganzen Verlauf? Wird das Leben nicht einen anderen Charakter, einen ganz und gar anderen Sinn gewinnen, wenn es sich um einen mißtrauischen und hinterhältigen Menschen, oder um einen handelt, der ein freundliches Herz hat und zu ehrlicher Gemeinsamkeit bereit ist? Und so fort und fort. Was wir den „Gang des Lebens" nennen, wird nicht nur von außen, sondern auch von innen her bestimmt und gestaltet sich so, wie der betreffende Mensch veranlagt und wie er gesinnt ist. Im Maße er sich ändert, ändert sich sein Schicksal. Für den Menschen, dem nichts im Sinn gestanden hat, als das eigene Belieben und Behagen, den aber nun eine große Liebe berührt, ändert sich alles.

Nun kehren wir zum Text zurück. In ihm steht ein Satz, dessen Gewicht vielleicht noch nicht deutlich zu Bewußtsein gekommen ist: „Trachtet zuerst nach dem Reich Gottes und seiner Gerechtigkeit, und dies alles wird euch dazu gegeben werden." Hier ist also von einer Bedingung die Rede, an welche die Verheißung geknüpft ist. In dem Maße ereignet sich Vorsehung, als der Mensch nach dem Reiche Gottes trachtet – und zwar „zuerst“. Sie ist also kein Naturgesetz, das mit Notwendigkeit wirkte; keine geistige Weltordnung, die sich von selbst aus dem Wesen des Menschen ergäbe – aber auch keine vom Himmel her waltende Wohlfahrtsinstanz, die alles zum Nützlichsten lenkte. Sie ist überhaupt nicht fertig da, sondern „wird“; erzeugt sich immer neu vom Herzen des Vaters her auf den Menschen zu, der sich der Verheißung öffnet. Der Mensch soll also mit Gott in ein Einvernehmen treten. Die Richtung seines Geistes und Gemütes soll mit dem heiligen Willen eins werden. Dann entsteht ein neuer Zusammenhang, eine aus Gottes Gnade und des Menschen Freiheit hervorgehende Ordnung des Daseins.

„Ordnung“ – wir brauchen das Wort in einem besonderen Sinn, wenn wir es mit dem der Freiheit verbinden. Meistens verstehen wir darunter ein festes Gefüge notwendig wirkender Ursachen und daraus sich ergebender Folgen, während Freiheit doch jenes ist, das jeweils neu aus der Anfangskraft des geistbestimmten Willens hervorgeht. Wenn diese Freiheit sich nun mit dem Willen Gottes verbindet, der Mensch will, was Gott will, dann entsteht eine neue Weise, wie Geschehen sich geordnet zuträgt: Reich Gottes. Gott wirkt immer und überall, denn sein Wille hält die Welt im Sein, und seine Gesetze bestimmen die Vorgänge in ihr. Er wirkt aber auch in besonderer Weise in sie hinein, schöpferisch, geschichtlich, von Mal zu Mal, und der Einlaß ist das Herz des Menschen, seine Freiheit und Gesinntheit. Im Maße sich das Einvernehmen zwischen dieser und dem Willen Gottes schließt, flutet der heilige Strom ein, und dafür, was er dann vermag, wie er aus einem solchen Menschenherzen heraus Schicksal formt, dafür gibt es von der Natur her keine Regel: das ist „neue Schöpfung".

Um einen solchen Menschen ordnen sich die Dinge anders, als die bloße Naturgesetzlichkeit es bewirken würde; anders aber auch, als dort, wo nur der Eigenwille des Menschen und die unmittelbare geschichtliche Folgerichtigkeit am Werke sind. Es geschieht, was das Evangelium sagt: der Mensch bekommt von Gott, was er braucht. Um ihn her entsteht eine neue Lebensgestalt. Wenn wir sehen wollen, wie eine solche Gestalt geartet ist, dann müssen wir in das Leben der Heiligen blicken. An ihnen wird deutlich, wie das Dasein sich wandelt, wenn der Glaube alle Konsequenzen zieht. Um einen solchen Heiligen geht die Welt anders als um den, der nicht glaubt, oder nur halb, ohne Kraft und Entschiedenheit glaubt. In ihr regiert dann nicht die Notwendigkeit, noch die Gewalt, noch der berechnende Vorteil, sondern die Liebe, das heißt, sie wird Reich Gottes.

Nachbemerkung: „Vorsehung" bedeutet natürlich viel mehr, als hier gesagt wurde: den Inbegriff der Fügungen und Lenkungen, die das Leben der Menschen, der Einzelnen wie der Gesamtheit, auf die Verwirklichung dessen hinordnen, was Gott in Schöpfung und Erlösung mit seiner Welt gewollt hat. Hier ist aus dem Ganzen nur ein Zusammenhang herausgehoben, der in Jesu Verkündung besonders betont ist.

„Und vergib uns unsere Schuld, wie auch wir vergeben unseren Schuldigern“

I
Die Schuld und Gottes Vergebung

Die fünfte Bitte des Herrengebetes sagt in der deutschen Übersetzung: „Vergib uns unsere Schuld, wie auch wir vergeben unseren Schuldigern.“ Der Wortlaut deckt sich nicht ganz mit dem griechischen. Einmal heißt es darin nicht „Schuld“, sondern „Schulden“ (Mt 6,12). So ist die deutsche Einzahl umgreifend zu verstehen und meint alles, worin wir schuldig geworden sind. Schwerer wiegt ein anderer Unterschied. Statt: „wie auch wir vergeben unseren Schuldigern“, sagt Matthäus: „wie auch wir vergeben haben unseren Schuldigern“. Der Glaubende, der mit der Bitte vor Gott tritt, soll sich also schon geprüft und dem Andern, der ihn gekränkt, verziehen haben. Lukas gibt dem Nebensatz ebenfalls eine entschiedenere Form, denn bei ihm heißt es: „wie wir vergeben allen, die uns schuldig sind“ (11,4). Die Verzeihung, die der Bittende seinem Nächsten zuwendet, soll also keine Ausnahme machen, sondern allen gelten.

Die Unterschiede zeigen, daß von den verschiedenen umgehenden Fassungen des Gebetes die maßvollste sich durchgesetzt hat.

Und nun: Was ist das für eine Schuld, von der das Herrengebet spricht? Wir könnten theoretisch vorgehen und fragen, was das Evangelium überhaupt unter der Schuld des Menschen verstehe; doch wir wollen uns ganz an den Text halten, er wird uns ins Wesentliche führen. Das Wort, das Matthäus braucht, stammt nämlich aus dem Rechtsleben des Alltags. Es heißt *ophéilema* und meint die Verpflichtung, die aus einem Kauf oder Darlehen erwächst – genauer gesagt, den Betrag, den der Kaufende oder Entleihende auf Grund solcher Abmachung hätte geben sollen, aber noch nicht gegeben hat. Markus verwendet in dem kurzen Hinweis auf das richtige Beten 11,25 den Ausdruck *parâptoma,* der bereits allgemeinethische Bedeutung hat und einen Fehltritt meint. Lukas endlich spricht einfachhin von *hamartía,* Sünde (11,4).

Nun berichtet uns das Neue Testament von einer Unterweisung Jesu, die geradezu einen Kommentar zu der Bitte des Vaterunsers bildet und ausdrücklich den soeben genannten Begriff der Rechtsverpflichtung verwendet – um so bedeutungsvoller, als sie das Ganze mit dem Hauptgedanken der Botschaft Jesu, mit dem des Reiches Gottes verbindet. Da ist nämlich Petrus zu seinem Meister gekommen und hat gefragt: „Herr, wie oft wird mein Bruder gegen mich sündigen, und ich soll ihm [noch] vergeben? Bis zu siebenmal?" Jesus aber antwortete: „Ich sage dir, nicht bis zu siebenmal, sondern bis zu siebzigmal siebenmal!" (Mt 18,21–22) Das heißt: das Vergeben darf nie aufhören, sondern soll zur Regel, ja zur lebendigen Haltung werden. Und dann erzählt Er das Gleichnis vom König, dessen Beamte Rechnung legen. Einer von ihnen hat schlecht gewirtschaftet oder geradezu unterschlagen und schuldet nun die ungeheuerliche Summe von zehntausend Talenten, nach unserem Gelde fünfzig Millionen Goldmark. Der Betrag geht natürlich über jede Möglichkeit des Schuldners hinaus; dieser ist also verloren. Er bittet aber um Nachsicht, und der König, reich und gütig, erläßt ihm alles. Der Mann geht frei hinaus und trifft da einen Kollegen, der seinerseits ihm etwas schuldet, nämlich hundert Denare, fünfundachtzig Mark; eine Kleinigkeit im Vergleich zu jener Schuld, die der König soeben erlassen hat. Der Schuldner will bezahlen und kann es auch, er bittet nur um Frist; sein Gläubiger aber bleibt hart und verlangt die Exekution. Wie das dem König berichtet wird, erkennt er die Gesinnung des Mannes, widerruft seine Milde, und den Hartherzigen trifft die ganze Strenge des alten Schuldrechts. Jesus aber schließt: „So wird auch mein himmlischer Vater mit euch verfahren, wenn ihr nicht, ein jeder seinem Bruder, von Herzen verzeiht.“ (35)

Bleiben wir bei dem Gleichnis und fragen: Was hat denn Gott uns anvertraut, geliehen, das wir ihm unverletzt zurückerstatten müßten? Lassen wir uns die Antwort nahekommen; sie ist ebenso einfach wie umfassend: wir schulden Gott die Welt.

Er hat sie geschaffen, Er allein, in souveräner Freiheit. So ist sie im entschiedensten Sinne des Wortes sein Eigentum. Er hat sie aber dem Menschen zu Lehen gegeben, damit dieser sie zu dem mache, was sie nach Gottes Willen werden soll: zur geschauten, erlebten, verantworteten Welt, im Werk ergriffen und gestaltet. Wir müssen den Gedanken ernst nehmen, denn er ist uns fremd geworden. Für unser Gefühl ist die Welt „Natur“, will sagen, einfach da, herrenlos, so daß erst innerhalb ihrer „Eigentum" entsteht, dann nämlich, wenn der Mensch sie in Besitz nimmt und nun über sie verfügt. Das ist aber nicht so, sondern sie hat von Urbeginn ihren Herrn; sie ist wesenhaft Eigentum und zwar Dessen, der sie geschaffen hat. Sie hört auch nie auf, Gottes Eigentum zu sein, sondern kommt in die Hand des Menschen nur als Lehen.

So „schuldete" er sie ihrem Herrn und war verpflichtet, sie Ihm zurückzuerstatten: indem er sie in Treue gegen Gott innehatte und nach Seinem Willen gestaltete, so wie dieser Wille ihm jeweils aus dem Wesen der Dinge deutlich wurde. Indem er das tat, sollte er, immer aufs neue, durch sein ganzes Leben hin, die erste Welt als zweite, gelebte und dadurch vollendete, in die Hände ihres Herrn zurückgeben. Statt dessen hat er versucht, sie Ihm aus der Hand zu nehmen und in eigenes Recht zu bringen. Er hat versucht, Gott zu entthronen und sich an Seine Stelle zu setzen. Am Anfang der Menschengeschichte stehen Empörung und Raub.

Auch der Mensch war sich „gegeben". Auch uns selbst haben wir nicht aus eigenem Ursprung, noch besitzen wir uns aus eigenem Recht. In der Tiefe unseres Gewissens wissen wir genau, daß der Gedanke der Autonomie unwahr und unrecht ist, der Mensch vielmehr Dem gehört, der ihn geschaffen hat. Wenn nun mein Gefühl sich verwahrt, ich sei Person und könne daher niemandes Eigentum sein, so muß ich zuerst die Beschämung annehmen, daß der Frevel, über Personen verfügen zu wollen, nicht bei Gott, sondern beim Menschen entstanden ist, und zwar eben in dem Augenblick, als dieser autonom, Herr seiner selbst sein wollte. Denn das war Lüge, und aus der Lüge kam, ihr Unrecht offenbarend, der Griff der Gewalt nach dem anderen Menschen. Wer im Autonomieanspruch die eigene Person übersteigert, entwürdigt sie sofort im Anderen: der ersten Eltern Sohn war Kain, der den Bruder erschlug. Seine Tat hat bloßgestellt, was in deren Seelentiefe lag.

Dann aber: Gottes „Recht" ist das des Schöpfers; und zwar jenes Schöpfers, der den Menschen nicht zum stummen Ding, sondern zum freien Wesen erschaffen hat. Nicht als Gegenstand seiner alles vermögenden Kraft gemacht, sondern als „Du" seiner Liebe gerufen. Indem Er so getan, hat Gott den Menschen sich selbst gegeben. Von da an schuldete dieser sich Ihm, und der Grundakt seines Daseins sollte darin bestehen, daß er in die Ich-Du-Beziehung einträte, die der anrufende Schöpfer begründet hatte. Daß er mit der Bejahung seines Geschaffenseins antwortete, die eigene Existenz als Gehorsam verstünde und sie durch die Erfüllung des Gotteswillens vollzöge. Dadurch sollte er sich selbst dem König zurückgeben. Das hat er aber nicht getan, sondern sich veruntreut, und tut es immer weiter. Immer aufs neue sucht der Mensch zu behalten, was ihm nicht gehört; und ein guter Teil seines Forschens und Philosophierens ist der immer neu ansetzende Versuch, sich selbst darin zu rechtfertigen.

Doch die Schuld reicht noch einmal tiefer, denn Gott hat dem Menschen nicht nur die Welt und sein Menschenwesen, sondern Sich selbst anvertraut. Er hat, so sahen wir, den Menschen nicht im Befehl, als Gegenstand seiner Kraft, sondern im Anruf, als Du seiner Achtung und Liebe geschaffen – ebendann hat Er seinerseits sich ihm zum Du gegeben. Was bedeutet das aber, wenn es Gott damit Ernst ist? Dann entschließt Er sich – möge es nicht vermessen sein, so zu sprechen – zur Demut der Liebe, die darin besteht, auf Antwort zu warten; zum Wagnis der Liebe, vielleicht keine Antwort zu bekommen; zur Möglichkeit, bei diesem Menschen, jeweils bei jedem, in der Fremde zu sein.

Die Genesis berichtet ein kleines, wunderbar tiefes Geschehen. Da wird erzählt, wie Gott „sich zur Zeit der Abendkühle im Garten erging" (3,8). Der Garten des Paradieses ist das biblische Bild für die Welt, sofern sie dem Menschen anvertraut ist und sich im Frieden der Gnade und des freien Gehorsams erfüllt. Gott aber wird im Gleichnis eines Fürsten gezeichnet, der sich abends, wenn nach heißem Tage der kühle Wind kommt, im Park des Palastes ergeht. Wenn wir im Zuge des Bildes bleiben, dürfen wir wohl weiterdenken: daß Er „jeden Abend" so getan, und aus jener Huld, die im Schöpfungswillen liegt, mit seinen Menschen gesprochen hat: über die Welt, über ihr Leben und Werk, über Sich, den Hochheiligen, der dadurch, daß Er schuf, aus „dem Lichte, in das kein Zugang ist", in dem „Er wohnt", so daß „keiner der Menschen Ihn gesehen hat, noch zu sehen vermag" (1 Tim 6,16), vertrauend hinausgetreten ist in die Öffentlichkeit der Welt, in die Preisgegebenheit des Ich-Du zum Menschen. Welch zartester Ausdruck von Gottes heilig-arglosem Vertrauen; von wunderbarer Nähe zwischen Ihm und seinem Menschen! [In einem Kommentar stand zu lesen, die Schilderung sei „kindisch". Möchte man nicht manchmal an der Gelehrsamkeit verzweifeln, wenn sie dem, der sie betreibt, derart das Herz vertrocknet, daß er solche Dinge sagt?] Doch dann erzählt der Bericht, wie Gott einmal erwartet, den Menschen zu finden, dieser aber, in der Scham der ersten Schuld, „sich versteckt" hat.

Die Erzählung läßt empfinden, wovon wir sprechen: daß Gott über die Schranke seiner Enthobenheit „herüberkommt"; den endlichen Menschen nahe wird und Sich selbst ihnen gibt. Hätte Er da nicht erwarten dürfen, daß sie Ihn in Ehren halten und seine Großmut erwidern würden? Statt dessen glauben sie dem Verleumder, Gott sei engherzig, fürchte sich, gönne ihnen nicht, was ihnen doch zukomme, und verraten Ihn.

Wenn ein Mensch einen anderen liebt, dann gibt er sich ihm in die Hand. Durch die Liebe wird etwas in ihm offen, verwundbar, und er erwartet mit der Selbstverständlichkeit des Vertrauens, der Andere werde ihn verstehen, in Ehren halten und ihn, durch die Liebe edler geworden, sich selbst zurückgeben. Denn das bedeutet doch Liebe: daß der Eine sich vom Anderen vollkommener geworden zurückempfängt – ist der Mensch doch nicht von vornherein fertig, sondern wird erst, aus dem Herzen und dem Geist dessen heraus, den er liebt, zu dem, der er sein möchte.

So hat Gott sich selbst dem Menschen gegeben und erwartet, dieser werde Ihn gewiß nicht als größeren – wie könnte das sein? – aber als „geliebten Gott" Ihm selbst wiedergeben. Was wir da sagen, ist töricht, in der Torheit des Endlichen, das auf den All-Erhabenen übertragen wird: aber wie sollen wir sonst von Ihm sprechen? Er hat uns ja selbst durch die Großmut seines Tuns dazu ermächtigt! Wir sehen es in jenem Ereignis, das die reinste Offenbarung seiner Gesinnung bildet, nämlich der Menschwerdung, so daß wir, von ihr her zurückblickend, erst verstehen, was sich bis zu ihr hin zugetragen hat. Da ist Er ja doch Kind, und Herodes kann Ihm nachstellen; da geht Er auf der Straße, und jeder kann Ihn beleidigen; ist wehrlos, und sie haben Ihm alles angetan, was sie vermochten. Hier wird deutlich, wie unbedingt Er sich gegeben hat, und wie sehr Er erwarten mußte, der Mensch werde Ihn aufnehmen und durch die Liebe Ihm selbst zurückgeben.

Dieses Vertrauen hat der Mensch verraten, und nun schuldet er dem König die zehntausend Talente: nicht nur die Welt, nicht nur sich, sondern Ihn selbst.

Was hätte also geschehen können? Gott hätte zu ihm sprechen können: Sei denn der, zu dem du dich gemacht hast! Dann hätte er zwar weitergelebt, doch seine Geschichte wäre eine Geschichte der Finsternis geworden... Es wäre auch möglich, daß der Mensch das Ereignis der Schuld nicht überstanden hätte. Die Seelenlehre unserer Zeit weiß mehr als die frühere Bewußtseinspsychologie über den Tiefgang dessen, was „Schuld" heißt. Sie weiß, was ein Unrecht gegen das Leben anrichten kann – und was hätte mehr Unrecht sein können, als die Empörung gegen die Quelle des Lebens selbst? Nicht nur eine mögliche, sondern die wesensgerechte Folge jener Empörung wäre gewesen, daß sie den Menschen zu Grunde gerichtet hätte.

Hätte denn, so könnte man fragen, der Mensch nicht vor Gott hintreten und sein Vergehen wieder gut machen können? Es gibt aber Dinge, die können nicht umgekehrt werden. Das ist der tragische Charakter des Daseins: daß der Mensch handelt und dann über das, was aus seinem Tun hervorgeht, nicht mehr Herr ist. Jener Mensch, der Gottes Vertrauen verraten hatte, hatte das aus der Freundschaft mit Ihm heraus getan; die war nun durch seine eigene Tat zerstört. Der Mensch ist kein Wesen, das in sich fertig und vollständig wäre und außerdem, wenn es wollte, zu Gott in Beziehung treten könnte, sondern diese Beziehung ist für ihn wesentlich. Nachdem er sie verloren hatte, war er nicht mehr jener, der er vorher gewesen. So konnte er nicht einfach hingehen und erklären: Ich will es wieder gutmachen. Darum redet ja das Gleichnis von „zehntausend Talenten", denn damit sagt es: Die Schuld war eine, die jener, der sie schuldete, nicht zu bezahlen imstande war.

Wieder erhebt sich die Frage: Hätte denn Gott, der Allherr, diese Schuld nicht einfach auslöschen können? Ein Gläubiger, der großmütig ist und reich genug, kann doch den Schuldschein zerreißen! ... Was wissen wir denn, was Gott gekonnt hätte! Doch fragen wir unser Gefühl; nehmen wir an, Er hätte gesagt: Alles solle vergeben sein, und das Dasein des Menschen wieder anfangen, wo es vor der Schuld gewesen – hätte da nicht etwas gestanden wie ein Block und Einspruch erhoben?

Ein Denker am Anfang des Hochmittelalters, Anselm von Canterbury, hat ein Buch geschrieben, das den Titel trägt: „*Cur Deus homo?* – Warum ist Gott Mensch geworden?" Das Buch hat tiefste Wirkung getan, weil es diesen Einspruch in einer geradezu gewalttätigen Weise zu Worte bringt. Es sagt, Gott hätte die Schuld des Menschen nicht einfach vergebend ausstreichen können, denn seine Ehre würde es ihm verwehrt haben. Anselms Zeit war die des frühen Rittertums, dessen Ethos auf der bis ins Tragische gesteigerten Forderung der Ehre ruhte; so nahm er den Begriff von Gottes Ehre als Ausdruck für den absoluten Ernst seiner Heiligkeit und sagte, Er habe um seiner selbst willen fordern müssen, daß die Schuld gesühnt werde. Und nun stehen wir vor der tiefsten Offenbarung des christlichen Glaubens: die Sühne geschah dadurch, daß Gott die Schuld auf sich selbst nahm.

Wenn wir bei diesem Satz das Gefühl bekommen, ein solcher Gedanke sei unerhört, dann hätten wir recht; er ist es. Aber wir müssen bedenken: Gott hat die Welt weder aus Notwendigkeit, noch aus Lust am Spiel, weder im Abenteuer, noch in metaphysischen Antithesen erschaffen; vielmehr in einem Ernst, der ebenso groß ist wie seine Freiheit. Wir brauchen den Bericht der Genesis nur mit den auf uns gekommenen mythologischen Kosmogonien zu vergleichen, um den Unterschied zu sehen. Gott steht zu seinem Werk. Wir dürfen sogar sagen, daß Er, schaffend – vor sich selbst – die Verantwortung für es übernommen hat. Denn wenn Er vom Menschen fordert, dieser solle in Verantwortung zu seinem Tun stehen, so muß Er doch wohl auch dafür das unendlich vollkommene Urbild sein.

Von solchem göttlichen Verantwortungsernst ist es freilich noch ein ungeheurer Schritt bis dahin, daß Er die Schuld des Menschen auf sich selbst lädt. Uns ist aber geoffenbart, daß Er so getan hat. Nicht weil Er in irgendeinem Sinne an ihr schuldig oder mitschuldig gewesen wäre; von Gott kommt nur Heiligkeit. Aber da besteht ein tiefer Zusammenhang. Schon die Erschaffung der Welt war kein Naturgeschehnis, sondern im strengsten Sinne personale Tat, Tat des Ernstes und der Freiheit; so hat es Dem, der sie vollbracht hatte, gefallen, sie zu einer Tat so reiner Gnade zu vollenden, wie es die Erlösung ist.

Gott ist in unsere Schuld eingetreten – derart lauter und wirklich, daß Er Mensch geworden ist. Einer von uns. Das ganze Denken des Apostels Paulus kreist um diesen Kern. Er sagt geradezu, Gott habe einen Sohn, „der Sünde nicht kannte, für uns zur ‚Sünde' gemacht, damit wir in Ihm ‚Gerechtigkeit Gottes' würden" (2 Kor 5,21). Indem Christus das Dasein, wie es ist, verworren, empört, unwahr, voll alles Schlimmen, zu eigen nahm und durchlebte, legte Er die Welt, die der Mensch Gott geraubt hatte, in die Hand ihres Herrn wieder zurück.

Was das freilich für ein Leiden war, erfaßt kein Denken. Was fühlt ein Mensch, der vornehm und herzenstief ist, wenn er unter gemeine und stumpfe Leute kommt? Oder ein von Grund aus Wahrhaftiger unter Lügner? Oder ein rechtlich Gesinnter unter Gewalttätige? So – nur über alle Maßen hinaus so – ist es Christus gegangen. Er hat es angenommen, hat damit die Schuld bezahlt, und sie ist Ihm vergeben worden. In Ihm aber ist vergeben uns, die sie begangen haben.

Und nun ist unser Leben – das eines jeden von uns – in einen neuen Anfang hineingenommen. Wir leben aus Gottes Vergebung. Lassen wir den Gedanken tief in uns ein.

Was Christus getan und gewirkt hat, war keine bloße Ausbesserung unseres Daseins, sondern darin hat Gott um das Ganze herumgegriffen und es in einen neuen Anfang gestellt.

Was da wurde, war größer, als was vorher gewesen. Wenn einer dem Freund sein ganzes Vertrauen gegeben hat und der ihn tief enttäuscht, was geschieht dann? Wahrscheinlich zerbricht alles. Ist ihm aber die Freundschaft so wert, daß er sie unbedingt erhalten will – kann er dann einfach hingehen und sagen: Ich verzeihe Dir; laß uns wieder dort anfangen, wo wir aufgehört haben? Das geht nicht, denn keiner von beiden kann das Geschehene vergessen. So tief Verletztes kann man auch nicht ausbessern; es muß mehr werden. Im Beleidigten muß die Freundschaft größer werden als das, was ihm angetan worden ist. Er muß eine innere Tiefe erreichen, in der er vorher noch nicht gelebt hat, und seinen Freund dorthin mitnehmen. Von da aus erst kann die wirkliche Vergebung erwachsen. Es ist nicht sicher, daß es gelingt. Die Lauterkeit des Herzens kann sich trüben, so daß ein verborgener Groll bleibt. Kann auch sein, der Andere erkennt das eigene Tun nicht und will Recht behalten. Oder er nimmt die Vergebung nicht an und fühlt sich selbst beleidigt. Gelingt es aber, dann ist etwas geworden, das tiefer ist, als was vorher war, und daheraus lebt die künftige Freundschaft. Das wird nicht leicht sein. Stets wird Gefahr sein, daß alles zerbreche, denn in diesen Dingen gibt es nichts Festes und Fertiges. So wird die Vergebung immer wieder erneuert werden müssen; ihre Gabe wie ihre Annahme. Allmählich festigt sich dann das Neue und trägt eine Frucht, die vorher nicht möglich war.

Das öffnet uns einen Blick in die Existenz des Christen. Wie vor der Sünde der Mensch aus dem Wohlgefallen Gottes lebte, so jetzt aus seiner Verzeihung. Sie ist das beständig Strömende, das von Ihm zu uns kommt. Er wird nicht müde, sie zu schenken. Es reut Ihn nie, daß Er sich zu ihr entschlossen hat – „hat“, Geheimnis der Ewigkeit, denn der Entschluß Gottes ist reine Gegenwart, „ist“ einfachhin. Und wir müssen die Verzeihung immer neu annehmen. Im Maße wir den Gedanken: ich bin in der Schuld und lebe aus Gottes Vergebung, ernst nehmen, kann auch der Trotz erwachen: wer darf mir das zumuten? Die Geschichte ist von Menschen voll, die so gesprochen und, aus dem tiefen Gefühl des Unrechts, neue

Schuld darauf getürmt haben. Und man hat das noch groß genannt – den „Trotz der groß gebauten Persönlichkeit“ …

Aus der Vergebung zu leben, bedeutet auch, sie stets neu zu erbitten. Sie ist nicht selbstverständlich; darf es auch für unser Gefühl nicht werden. Darum hat der Herr uns die fünfte Bitte gelehrt. Das bedeutet keinen Freibrief, tun zu dürfen, was wir mögen, im Gedanken: Wenn ich schon so ganz in der Schuld bin, kommt es auf eine Tat nicht mehr an … wenn ich schon aus der Vergebung lebe, dann soll auch das und das hineingenommen sein … Wer so dächte, wäre nie in ihr gewesen. Wir müssen tun, was wir können. Uns bemühen und jeden Tag neu anfangen – wissend, daß wir in jedem Augenblick unseres Lebens aus Gottes Gnade bestehen.

II
Die Vergebung des Menschen

Von der fünften Bitte des Vaterunsers hat uns der erste Satz beschäftigt, worin der Betende zum Vater im Himmel ruft, Er möge ihm seine Schuld verzeihen, und wir haben gesehen, daß die Verzeihung das Zeichen ist, unter dem unser ganzes Dasein steht; die Quelle, aus der wir leben. Der zweite Satz der Bitte nun sagt uns, daß die Vergebung Gottes mit der verbunden ist, die wir unseren Brüdern zuwenden sollen: „Vergib uns unsere Schuld, wie auch wir vergeben unseren Schuldigern!“

Die Verbindung ist ganz eng, denn die Worte sagen: Vergib Du, Vater, mir, denn auch ich werde vergeben. Man kann Eines nicht vom Anderen lösen. Vielleicht geht die Verbindung aber noch tiefer, wenn wir nämlich das Wort „wie“ ganz ernst nehmen; denn dann sagt der Satz: So viel und in der Weise vergib Du uns, als wir unseren Schuldigern vergeben – und das ist zum Fürchten. Ja der Text des Matthäusevangeliums spricht noch schärfer und sagt: „So viel vergib uns unsere Schuld, als wir unseren Schuldigern schon vergeben haben.“

In dem Gleichnis, das uns in der vorausgegangenen Meditation beschäftigt hat, und das eine Art Erläuterung der Bitte aus Jesu eigenem Mund bildet, sagt Er ausdrücklich: Wie der König dem unbarmherzigen Beamten getan hat, der den ungeheuren Schuldennachlaß empfangen, dann aber seinem Kollegen den kleinen verweigert hat – „so wird auch mein himmlischer Vater euch tun, wenn ihr nicht, ein jeder seinem Bruder, von Herzen verzeiht“ (Mt 18,35). Bedenken wir die Worte genau, dann sehen wir, daß sie die Forderung noch einmal verstärken, denn sie sagen, der Bittende müsse dem Nächsten „von Herzen“ vergeben, wenn er für sich selbst Vergebung wolle. Doch dazu muß er einen weiten Weg nach innen zurücklegen; denn das Herz ist tief, und wann gelangt er auf dessen Grund? Auch ist dieses Herz voll von Listen und sagt etwa: Das verzeihe ich noch, mehr kann man mir nicht zumuten! Oder es verzeiht, wartet aber, ohne sich dessen deutlich bewußt zu sein, auf die Gelegenheit, und dann bricht der Groll neu aus. Oder es verzeiht wohl, aber an Stelle des Hasses tritt innerlich die Verachtung... So kann es immer weiter hineingehen, Schicht unter Schicht – Jesus aber sagt: Du sollst „von Herzen“ verzeihen; von jenem Innersten her, unter dem nichts mehr liegt.

Bedenken wir das alles, dann sehen wir, daß die Gesinnung, die wir, „jeder seinem Bruder", zuwenden sollen, etwas ist, das unser ganzes Dasein bestimmen muß. Das Gleichnis hat nämlich auf die Frage eines Apostels geantwortet: „Da trat Petrus hinzu und sagte zu Ihm: ‚Herr, wie oft wird mein Bruder gegen mich sündigen, und ich soll ihm [noch] vergeben? Bis zu siebenmal?' Jesus sprach zu ihm: ‚Ich sage dir: nicht bis zu siebenmal, sondern bis zu siebzigmal siebenmal'." (Mt 18,21–22) „Siebzigmal siebenmal" meint eine Zahl, die, wie die der zehntausend Talente, alles Zählen überschreitet, das heißt: immer wieder soll vergeben werden; es soll in dauernde Haltung übergehen. Wir leben aus Gottes Vergebung, haben wir in der letzten Betrachtung erkannt – hier gilt Entsprechendes: unser Verhältnis zum Nächsten soll vom Geist der Vergebung bestimmt sein. Anders kommen wir mit ihm nicht zurecht – nicht so, wie der Vater es will.

Tun wir einen Blick in unser Dasein. Darin laufen überall sinnvolle Zusammenhänge, Ordnungen der Struktur und des Verhaltens. Zunächst die Ordnung der Natur, von ihren Gesetzen bestimmt. Sie ist notwendig: so, wie das Gesetz ist, müssen die Vorgänge sich vollziehen. Auf der Unbedingtheit dieses Müssens ruht die Welt ... Eine zweite Ordnung ist die der Freiheit. Sie wendet sich an den Menschen und sagt nicht: du mußt, sondern: du sollst. Was er soll, ist das Gute. Und er soll das Gute tun, weil es gut ist; gültig in sich selbst; Strahl von Gottes Heiligkeit. Dieses Gute drückt sich im Wesen der Dinge aus, die Gott in seine Verantwortung gegeben hat. Seine Forderung wird jeweils im Gewissen vernommen und durch die Freiheit erfüllt.

Dann aber gibt es noch jene Ordnung, die sich in der Offenbarung kundgetan hat: die der Liebe. Sie ist nicht fest und fertig da, sondern kommt aus Gottes Großmut: daß es Ihm gefallen hat, zuerst zu lieben. Johannes sagt in seinem ersten Brief: „Darauf steht die Liebe, nicht daß wir Gott liebten, sondern daß Er uns geliebt und seinen Sohn gesandt hat zur Versöhnung für unsere Sünden." (1 Joh 4,10) Gottes Liebe ist das reine Sich-Öffnen seines Herzens; jenseits aller Gewalt, aller Notwendigkeit, aller sittlichen Forderung. Die Geschehnisse in der Natur verlaufen, wie sie müssen; die Handlungen der Sittlichkeit gehen, wenn sie richtig gehen, wie sie sollen; die Dinge der Liebe ereignen sich aus Gottes freier Schöpferschaft. Diese bringt hervor, was noch nicht ist, ja von dem man nicht voraussieht, wie es sein könne.

In die Ordnung der Liebe sind wir durch die Erlösung hineingenommen. Von ihr her hat der Herr gesagt: „Du sollst den Herrn, deinen Gott, lieben mit deinem ganzen Herzen und mit deiner ganzen Seele und mit deinem ganzen Denken. Dies ist das große und erste Gebot. Das zweite ist ihm gleich: Du sollst deinen Nächsten lieben wie dich selbst." (Mt 22,37–39)

Nun könnte Einer einwenden: Das ist ja wieder ein Gebot. Also fällt alles doch wieder in die Ethik zurück! Aber so ist es nicht, denn das Gebot der Liebe ist von anderer Art als die Gebote sonst. Es sagt nicht einfachhin, wir sollen lieben, sondern vergewissert uns zuerst, es sei uns gegeben, lieben zu können und zu dürfen – dadurch, daß Gott zuerst geliebt hat. Nun erst, innerhalb dieser Gabe, heißt es: Also sollst du auch – in einem Sollen, das mit dem Dürfen eins und nichts anderes ist, als das Können eines neuen Herzens. Ist nun in jenem, dem unsere Liebe gelten soll, Schuld, dann muß sie zur Vergebung werden. Vergebung ist die Liebe, wo sie auf die Schuld trifft.

Kehren wir wieder zu dem Beispiel zurück, von dem schon einmal die Rede war. Da seien zwei Freunde; wirkliche Freunde, das heißt solche, die nicht bloß einander sympathisch sind, oder gemeinsame Interessen haben, sondern zwischen denen jenes unwillkürliche Mit-Bedenken des Anderen geschieht, das überhaupt erst Freundschaft ausmacht. Eine solche Freundschaft hat ihre Geschichte; ihr Wachstum, ihre Gefährdung, ihre Krisen. Und das um so mehr, je lebendiger sie ist; denn dann stehen die Beiden sich um so näher, und was der Eine tut, trifft den Anderen unmittelbarer und ungeschützter. So kommt es auch leicht zu einem Unrecht. Dann entscheidet es sich, ob die Beziehung Not leidet, gar zerbricht, oder aber der, dem Unrecht geschehen ist, die Kraft hat, tiefer zum Grund der Freundschaft durchzudringen und sie von dort aus neu aufzurichten. Was vorher war, läßt sich nicht einfach wieder herstellen; soll die Verbundenheit lebendig bleiben, dann muß sie mehr werden. Das bedeutet dann schöpferisches Vergeben.

Und selbst wenn keine wirkliche Kränkung, kein eigentliches Unrecht geschieht – geht es nicht in jeder Freundschaft so, daß der Eine dem Andern zu gewissen Zeiten auf die Nerven geht, einfach deswegen, weil er ist, wie er ist? Dieser, der zweite, hat sich ja doch den Freund nicht selbst geschaffen, sondern ist ihm begegnet. Er hat ihn angenommen, wie er war. Manches in seinem Wesen ist ihm nahe, anderes fremd. Das Fremde ist in gewisser Beziehung anziehend; es kann aber auch befremdend, störend, vielleicht abstoßend wirken.

So muß es immer wieder überwunden werden. Dem Freunde muß, man möchte sagen, „vergeben" werden, daß er ist, wie er ist, soll die Freundschaft nicht nur bestehen bleiben, sondern wachsen. Und das ist nötig, denn Lebendiges bleibt nicht stehen; wächst es nicht, dann wird es weniger. Immer wieder muß er ihn annehmen, „siebzigmal siebenmal", so wie Gott „zehntausend Talente" nachläßt: die „Vergebung" muß zum Zustand werden.

Oder ein anderes Beispiel, eine Ehe. Hier ist die Nähe ja noch viel größer, sie ist Verbundenheit im Lebendigsten. Auch jede Ehe hat ihre Geschichte und damit ihre Krisen und Entscheidungen. Die erste Liebe sieht den Anderen in einem Wunschzustand, wie das wohl nötig ist, damit sie aus der Einwurzelung in ihr individuelles Dasein herausgehoben und zum Überschritt in die Gemeinschaft fähig werde. Diese Verzauberung fällt aber langsam ab, und die Beiden sehen einander, wie sie sind. Dann beginnt die Zeit der Verwunderung und Enttäuschung, Empfindlichkeit und Gekränktheit, alles zusammenfassend in dem Vorwurf: Du bist ja anders, als du damals schienst! Du hast mich getäuscht! In Wahrheit ist es jetzt Zeit, das zu leisten, was den Kern der Ehe ausmacht: mit dem Anderen in seiner Wahrheit verbunden zu sein; ihn als den zu nehmen, der er wirklich ist – im Bewußtsein, daß er ja seinerseits das Entsprechende tun muß. Wieder heißt das, ihm zu „vergeben", daß er nicht ist, wie man ihn möchte. Und das immer neu, jeden Tag neu, und jede Stunde. Ohne diese Gesinnung gelingt keine Ehe. Sobald sie fehlt, entsteht eine Bitterkeit, die immer tiefer frißt und alles, auch das Schönste zum Zerfall bringt.

Natürlich müssen auch wirkliche Fehler vergeben werden – denken wir nur an die Nachlässigkeiten und Taktlosigkeiten, wie sie sich so leicht einstellen. Ehe ist nächste Nähe; und nicht nur in Stunden starken Erlebens, das die Nähe zum Glück macht, sondern auch im Alltag mit seiner Gewohnheit und seinem Verdruß. Dann wird die Nähe zur Gefahr: daß die Beiden meinen, sie entbinde von jenen Rücksichten, ohne die menschlicher Verkehr unerträglich wird. Mit einiger Genauigkeit darf man sagen, Takt und Höflichkeit seien das, was eine Ehe möglich macht – eine Höflichkeit freilich, die aus der Wärme und dem Verstehen der Liebe, nicht aus der Kühle kommt, wie sie zwischen Fremden herrscht. Wie ist es aber in Wahrheit? Wieviel Verletzendes geschieht immerfort! So muß auch immerfort vergeben werden; und nicht nur auf Bitten und Szenen hin, sondern aus einer Bereitwilligkeit, ohne die sich beständig Ungutes aufsammelt und zu Krisen führt, deren Schärfe dann in gar keinem Verhältnis mehr zu den einzelnen Anlässen steht, die sie jeweils auslösen.

Nicht zu sprechen von jenen Stunden, in denen wirklich Ernstes geschieht: Kränkungen, welche die Liebe bedrohen; Untreue, die es schwer macht, noch zu vertrauen. In solchen Erschütterungen wird offenbar, ob die bisher Verbundenen überhaupt noch beieinander sein wollen. Das entscheidet sich daran, ob die Bereitschaft zum Vergeben echt genug ist, um nicht etwa nur die Dinge gehen zu lassen, sondern wirklich den neuen Beginn zu schaffen.

Entsprechendes gilt für alle menschlichen Verhältnisse. Keines von ihnen gedeiht, wenn nicht die Bereitschaft da ist, den Anderen der sein zu lassen, der er ist; die Schwierigkeiten, die aus seinem Wesen kommen, immer neu durch den

Geist der Vergebung zu überwinden und so zum Kern dessen vorzudringen, was die betreffende Beziehung bedeutet.

Heißt das, wir sollen das Gute und Böse gleich behandeln? Das Rechte nicht mehr recht und das Unrechte nicht mehr unrecht nennen? Das Schlimme im Verhalten des Anderen beschönigen, um leichter durch die Konflikte des Lebens zu kommen? Ganz gewiß nicht. Wenn etwas falsch gemacht worden ist, dann ist es falsch, und was nicht recht war, bleibt unrecht. Wirkliche Vergebung kann nur aus der Wahrheit kommen. Aber sie muß stärker sein als die Wahrheit – sagen wir besser: stärker als die Wirklichkeit. Sie muß aus dem Geist der Liebe heraus über die sich verfehlende Wirklichkeit Herr werden, wie Gott über unsere Sünde Herr geworden ist. Er hat den Menschen, der Ihm die Schöpfung verstört hat, in seiner ganzen schlimmen Wirklichkeit erkannt; aber Er hat ihn neu in seine Liebe aufgenommen und das Reich der Erlösung heraufgeführt – so sollen auch wir die uns anvertraute Schöpfung, nämlich den Menschen, mit dem wir zu tun haben, immer neu durch die Vergebung in die Liebe aufnehmen.

Freilich reicht unsere eigene Kraft dazu nicht aus; das muß uns klar sein. Wenn jemand sagt: Ich kann dem Anderen nicht vergeben, was er mir angetan hat – dann lautet die echte Antwort nicht: Du sollst es aber, und zwinge dich, sondern: Christus hat dir vom Vater die große Vergebung erwirkt; in ihrer Kraft kannst du deine kleine üben. Nur aus der Verbundenheit mit Dem, der unsere Schuld bezahlt hat, können wir die des Nächsten tilgen, sonst wird aus der Vergebung deren Mißform, nämlich Klugheit und Diplomatie.

Immer wieder werden ja die großen christlichen Haltungen ins Weltliche gezogen – etwa wenn aus der Hoffnung das Vertrauen auf die bessere Zukunft wird; aus der Demut die Bescheidenheit; aus der Sorge um das Reich Gottes die Arbeit an der Kultur und so fort. So geht es auch mit dem Vergeben, wenn es bloß aus Menschlichem heraus geschieht: es wird zur bloßen Bereitschaft, um des Zusammenlebens willen von dem wegzusehen, was geschehen ist. Die Vergebung, von welcher das Herrengebet spricht, meint mehr und Anderes; das aber kann sich nur aus jenem Ursprung verwirklichen, wo es zum ersten Mal wirklich geworden ist, nämlich aus der Haltung Christi, der uns die Vergebung des Vaters aufgetan hat.

„Und führe uns nicht in Versuchung“

I
Die Versuchung

Unsere Meditationen über das Herrengebet gehen ihrem Ende zu. Noch zwei Bitten wollen bedacht sein, die sechste und die siebente – und dann wird uns noch das Wort am Schluß, das „Amen“, zu beschäftigen haben.

Die sechste Bitte nun lautet: „führe uns nicht in Versuchung“; die siebente: „erlöse uns von dem Bösen“ oder, je nachdem man übersetzt: „von dem Übel!“ Sie sind miteinander in einer eigentümlichen Weise verbunden, denn es heißt: „führe uns nicht in Versuchung, sondern erlöse uns von dem Bösen“. Die zweite geht also aus der ersten hervor, oder wird doch durch sie vorbereitet. Es wird sich noch zeigen, von welcher Art der Zusammenhang genauerhin ist.

„Führe uns nicht in Versuchung!“ – aus den Worten weht es uns dunkel an. Die anderen Sätze des Vaterunsers sind wohl ernst, aber über ihnen liegt ein klarer Friede. In diesem scheint etwas Gefährliches zu drohen, denn wenn er bittet, Gott möge uns nicht in Versuchung führen, dann setzt das doch voraus, daß Er es auch tun könne.

Blicken wir daraufhin in die Religionsgeschichte und achten auf die Weise, wie außerhalb der Offenbarung das Dasein gedeutet worden ist, so treffen wir auf Gestalten der Göttlichkeit, die solche Möglichkeiten nahezulegen scheinen. Der frühe Mensch erfährt das ganze Dasein religiös und verdichtet das, was er da erfährt, zu Mächten und Gestalten. So gibt es, denkt er, Wesen, die das Leben schützen und fördern, und zu denen er unmittelbares Vertrauen hat; aber auch solche, die ihm übel wollen, sein Leben in den Untergang zu führen suchen, und die er mit Bitten, Opfern und Beschwörungen gnädig zu stimmen sucht. Sollten die Worte des Vaterunsers etwas Derartiges meinen?

Aus dem Geist des Neuen Testamentes heraus wehren wir solche Gedanken ab und tun recht daran; doch dürfen wir es uns nicht zu leicht machen. Die Vorstellung vom allvermögenden Gott kann eine dunkle Macht über das Gemüt gewinnen; so hat es denn auch innerhalb der christlichen Welt Deutungen seines Verhältnisses zu den Menschen gegeben, die etwas von dieser Art annahmen. Denken wir etwa an die Lehre von der absoluten Prädestination, welche behauptet, Gott habe von vornherein die einen Menschen zum sicheren Heil, die anderen zur unabwendbaren Verdammnis bestimmt – ein furchtbares Mißverständnis dessen, was die Souveränität der Gnade bedeutet. Nein, im Lebendigen Gott ist nichts von jenem Bösen und Zerstörenden, das sich in den Unheilsgöttern des Heidentums ausdrückt. Das Evangelium ist die „gute" Botschaft; es hat uns geoffenbart, daß Er es mit uns nur gut, von Grund auf gut meint. Und das trotz allem, was der Augenschein sagen mag, denn der Eindruck, den tägliche Erfahrung wie Gang der Geschichte auf uns machen, könnte einen schwermütigen Menschen schon zur Ansicht bringen, hinter allem stehe eine böse Macht. Die Offenbarung aber sagt: Wenn die Dinge dir so erscheinen, laß dich nicht täuschen. Die Schuld am Anfang hat in die Geschichte eine Verwirrung gebracht, welche Gottes Meinung immer wieder verdeckt. Aber Gott ist gut und will, daß wir gut seien und das Heil finden. So warnt der Apostel Jakobus mit großem Ernst: „Niemand sage, wenn er versucht wird, er werde von Gott versucht; denn [weder kann] Gott [selbst] zum Bösen versucht werden, [noch] versucht Er jemanden. Sondern dadurch wird jeder versucht, daß er von seinem eigenen Trieb gereizt und gelockt wird.“ (1,13–14)

Wie aber das Denken zu tun pflegt, ist es auch hier aus einer Einseitigkeit in die andere gegangen, und im Widerspruch zur düsteren Lehre von der Prädestination hat eine andere Anschauung so gesagt: Der Mensch kann durchaus und aus eigener Kraft zu Gott gelangen und des ewigen Lebens teilhaftig werden. Seine Vernunft ist ihrer selbst sicher und fähig, die Wahrheit zu erkennen; sein Wille hat eine natürliche Verwandtschaft zum Guten, und reiche Kräfte stehen ihm zur Verfügung, dieses Gute in seinem Leben zu verwirklichen. So können die Worte des Herrengebetes nur bedeuten, Gott möge den Menschen vor allzu schweren Erprobungen bewahren, mit den anderen werde er schon selbst fertig werden. Der alte Pelagianismus, gegen den Augustinus kämpfte, hat so gedacht; die Aufklärung, der Rationalismus, und wie immer die Anschauungen heißen mögen, die alles auf die Eigenkraft des Menschen gestellt haben.

Die Dinge liegen also nicht so einfach, sondern das Wort von der Versuchung meint etwas sehr Ernstes. Um das zu verstehen, müssen wir tiefer in die Weise hineinblicken, wie Leben sich zuträgt.

Wenn vom Schlimmen im Menschen die Rede ist, seiner Unrast und Begehrlichkeit, Unredlichkeit und Bosheit, dann sagt man wohl, seine Natur sei nun einmal so. Die ändere keiner, und man müsse sich mit ihr abfinden. Diese Art zu sprechen, ist aber nicht richtig. Sie ist es beim Tier. Das Reh ist wehrlos und flüchtig, der Wolf greift an und reißt; so ist ihre Natur, und wer an ihr vorbeidächte, wäre töricht. Der Mensch aber ist keine „Natur", wie Pflanze und Tier; er ist nicht, wie er wesenhaft sein muß, sondern hinter seiner heutigen Verfassung steht eine Geschichte – die erste und für alles, was später folgt, grundlegende, wie sie von der Genesis in ihren ersten Kapiteln erzählt wird. Danach war der Mensch, als Gott ihn geschaffen hatte, anders als jetzt, gut und heil. Er hat sich aber wider Gott empört, und die Tat ist ihm ins Leben geschlagen; so ist er jetzt ein zwar wunderbar reich angelegtes, aber zugleich vom Innersten her verstörtes Wesen. Die Psychologie zeigt, wie tief eine Tat das Leben des Menschen verwirren kann; um so tiefer, je näher er noch am Ursprung seines Lebens steht. Nicht umsonst forscht der Therapeut, der heilen will, mit besonderer Sorgfalt nach Erlebnissen der Kinderzeit. Jene erste Tat ist in der frühesten Zeit des menschlichen Daseins geschehen; so ist sie in die tiefsten Wurzeln des Menschlichen eingedrungen und hat dort eine Zerrüttung angerichtet, die weder Medizin noch Pädagogik beheben können. Ein ganz anderes Bild vom Menschen also, als das neuzeitlich-optimistische; von einem Ernst, für den das Wort „Tragik" nicht ausreicht. Aber niemand, der die Wirklichkeit des Menschen verstehen will, darf davon absehen.

Und nun könnte wohl Folgendes geschehen: ein Mensch hätte gefehlt, wieder und immer wieder; hätte den Rat, der ihm gegeben, die Hilfen, die ihm angeboten wurden, mißachtet. Jedesmal hätte sein Tun die Unordnung gesteigert, die in ihm war – jedesmal auch, wie das nicht anders möglich ist, die in den Verhältnissen um ihn her. Da könnte eines Tages Gottes Gerechtigkeit sprechen: Es ist genug – und in dem Menschen würde sich ein Gefälle zum Bösen bilden, über das er nicht mehr Herr werden könnte ... Dann wäre es aber nicht Gott, der diese tödliche Versuchung geschaffen hätte, sondern Seine Gerechtigkeit hätte die vom Menschen selbst angehäufte Unordnung ein Maß erreichen lassen, dem dieser erliegen müßte. Damit wäre nichts von der Art der Prädestinationslehre gesagt, die behauptet, Gott bestimme manche Menschen zum Unheil, und das sei unentrinnbar, wie immer sie sich bemühen möchten. Noch weniger wäre Er nach der Art der Unheilsgötter anzusehen, die das Verderben des Menschen wollen. Was gemeint ist, wäre Wahrheit, und in irgend einer Weise erfahren wir sie auch: heute tun wir etwas, und morgen, und immer wieder, und langsam zieht es sich zusammen wie ein Netz, wie ein Zwang – bis ein bitteres Gefühl uns sagt: ich komme nicht mehr heraus! Wenn Gott dann nicht aus der Tiefe seiner erlösenden Liebe hilft, ist wirklich etwas zu Ende.

An diese Dinge streift die Bitte des Vaterunsers: Herr, laß es mit uns nicht so weit kommen, daß unsere Unordnung sich um uns zusammenschließt, und wir nicht mehr herausfinden. Wir würden wohl verdienen, daß es so geschehe, aber laß es nicht dahin kommen!

Mit dem Gesagten haben wir versucht, die dunkelste Weise zu verstehen, wie die Versuchung an den Menschen herantreten kann. In ihr klingen Dinge nach, die uns im Alten Testament so fremd berühren, wo das Verhältnis von Gottes Allmacht zum Handeln des Menschen noch verhüllt ist. Die Bitte, Gott möge den Menschen nicht in Versuchung führen, hat aber noch eine alltäglichere Bedeutung, deren sich der Glaubende bewußt werden soll. Auch sie führt uns tiefer ins Verständnis der Weise hinein, wie unser Leben sich zuträgt.

In ihm finden sich Dinge verschiedenster Art; all die unzähligen Wirklichkeiten, die uns begegnen, deren wir zum Leben bedürfen, mit denen wir unser Werk tun: Nahrung, Kleidung, Schmuck, Werkzeug, Haus, Gerät, Garten und so fort in alle Fülle der Welt hinaus. Wie wirken diese Dinge? Gut oder schlimm? Die Antwort kann nur heißen: Je nachdem. Eine Speise kann mich sättigen, und das ist gut; sie kann mich zur Unmäßigkeit verleiten, und das ist unrecht. Ein schöner Gegenstand kann beglücken und zum Schaffen ermutigen; er kann aber auch das Begehren wecken und unfrei machen. Jenes Ding, das unzählige andere Dinge vertritt, weil man mit ihm erwerben kann, was man haben möchte, das Geld, ist gut, sofern es uns der Sorge enthebt und frei macht; es kann aber auch verhängnisvoll werden, wenn es Gewalt über den Menschen bekommt, ihn habgierig, unehrlich, geizig macht. Es gibt kein Ding, das einfachhin gut und helfend wäre; jedes kann das Gegenteil wirken, weil das widerspruchsvolle Innere des Menschen in verschiedener Weise auf es antworten kann.

Das Gleiche gilt von den Geschehnissen, aus denen sich unser Leben zusammenfügt. Die gleiche Begegnung kann helfen oder schaden. Der nämliche Glücksfall wird für Diesen zum Beginn eines glücklicheren Daseins, dem Anderen nimmt er den inneren Halt. Man würde das Dasein verleumden, wenn man sagte, es selbst sei zweideutig, in seinen Vorgängen lauere eine Tücke, die den Menschen verwirre; wenn aber irgend etwas, Ding oder Geschehnis, in den Lebensbereich des Menschen eintritt, dann erfährt es seine letzte Bestimmung aus diesem Leben heraus und wirkt, je nachdem, Ordnung oder Unordnung, Gutes oder Schlimmes.

Mit jedem Ding, dem er begegnet, jedem Geschehnis, das ihn berührt, tritt also der Mensch in eine Entscheidung, so daß von unserer Frage her gesehen, ihm alles zur Versuchung werden kann.

Wir sind gewohnt, im Menschen Tugend und Schwäche, Gutes und Böses zu unterscheiden und sehen diese beiden Möglichkeiten wie gesonderte Energien nebeneinander. Das trifft aber nicht zu. Betrachten wir etwa eine positive Veranlagung genauer, dann sehen wir bald, daß sie auch die Möglichkeit zum Verkehrten in sich trägt. Der Mensch, der die schöne Gabe starken Fühlens hat, trägt ebendarin die beständige Gefahr der Unüberlegtheit, Heftigkeit, Gewalttätigkeit in sich. Ein ausgeprägter Sinn für das Zukommende und Hergehörige kann zu alledem führen, was Selbstgerechtigkeit und Unduldsamkeit heißt. So könnte man alle Bereiche menschlicher Veranlagung durchgehen: immer würde man finden, daß ein und dieselbe seelische Gegebenheit die Voraussetzungen für Gutes wie für Schlimmes in sich trägt; jede Tugend die Möglichkeit eines Unrechts bildet, und jedes Laster den Mißbrauch einer guten Kraft – eine Wahrheit, von deren Verständnis alles abhängt, was Erziehung heißt; Bildung des Anderen wie seiner selbst.

Das bedeutet aber für unsere Frage, daß jedes Element unseres Daseins: daß jedes Ding, dem wir begegnen, jedes Geschehnis, das uns berührt, jede Anlage, die wir in uns tragen, jede Kraft, die sich in uns rührt, zur „Versuchung“ werden kann. Das aber ist wieder die Kehrseite jener Tatsache, die unsere ganze Würde ausmacht: der Freiheit. Das Tier ist in den Zusammenhang seiner Umwelt stets eingewoben und verhält sich darin, wie es muß – so wie es aus seinen Anlagen heraus tätig wird und nicht anders kann, als diese es nötigen. Der Mensch hingegen vermag aus dem Gewebe der Weltwirklichkeit, in dem er steht, von Mal zu Mal herauszutreten, es zu erkennen, zu beurteilen, zu wählen und zu handeln. Das geschieht nicht immer. Oft handelt er in einfacher Notwendigkeit; dann sprechen wir von Gewohnheit, Überraschung usf. Manchmal ist die Besinnung nur kurz und geht nicht tief; dann ist die Freiheit nur gering. Jeder kennt aber auch Augenblicke, in denen er sich auf sich selbst zurückzieht und sich fragt: Was soll ich jetzt tun? Ich kann es so machen, oder so; kann gebrauchen und kann mißbrauchen. Dann fühlt er die Eigentümlichkeit dieses „Könnens“, das Würde ist, zugleich aber auch Unruhe und Last – weil es das nach sich zieht, was wir Verantwortung nennen, und worin der Mensch für das Getane in einer Weise einstehen muß, wie das keinem anderen Lebewesen möglich ist.

Hier mahnt uns die Bitte des Vaterunsers, zu bedenken, was wir sind: Menschen, die immer aufs neue in die Entscheidung treten, und für die alles zur Versuchung werden kann. Sie bringt uns unsere Anfälligkeit zu Bewußtsein, warnt uns vor Selbstsicherheit und lehrt uns, Gott zu bitten, Er möge uns führen und wachsam machen.

Nun könnte aber jemand antworten: Wenn ein Mensch im Geist dieser Bitte existiert – muß das nicht seine sittliche Kraft schwächen? Und noch mehr: Sittliches Verhalten ruht auf der Person, ihrer Freiheit und Verantwortung; auf dem Ernst, mit dem sie sich bewußt ist, daß niemand ihr die Verantwortung abnehmen kann – muß da der Versuch, sich auf einen Anderen zu stützen, wie er doch in dieser Bitte zum Ausdruck kommt, diesen Ernst nicht in Frage stellen? Das kann natürlich sein. Es kann geschehen, daß die Bitte um göttliche Hilfe an der falschen Stelle steht, und der Bittende sich mit ihr die eigene Entschiedenheit zu erleichtern sucht. Fragen wir aber grundsätzlich: Greift nicht diese Bitte, im Ernst gesprochen, die sittliche Selbständigkeit an? Muß ich nicht selbst zu meiner Verantwortung stehen, statt einen Anderen zu Hilfe zu rufen?

Im letzten Satz der Frage steht ein Wort, das auf die Voraussetzung hindeutet, welche sie macht: sie sieht Gott als „einen Anderen“. Das ist Er aber nicht. Mir gegenüber ein Anderer ist ein Mensch, Nachbar im endlichen Dasein; Gott ist keiner. Wenn ich in einem sittlichen Konflikt zu einem Menschen gehe, daß er mir helfe, dann verlasse ich die Einsamkeit der Verantwortung, gehe von mir weg, zu ihm hinüber. Ich kann auch sagen: dann hole ich ihn herein und hebe diese Einsamkeit in mir selbst auf. Denn er ist tatsächlich ein Anderer; eine andere endliche Wirklichkeit neben mir. Gott hingegen ist unter diesem Begriff nicht unterzubringen – ebensowenig freilich unter dem Gegenbegriff; Er ist auch nicht der Gleiche wie ich. Sein Wesen hebt beide Begriffe auf – Er ist mein Schöpfer.

Mit meiner Existenz steht es nicht so, daß ich wäre, und dann träte Gott neben mich, sondern ich bin überhaupt nur dadurch, daß Er mich seiend macht. Und was meine Personalität angeht, so ist die nur dadurch, daß Er mich ruft und im Anruf hält. Ich kann nur „ich" sprechen, weil Gott zu mir „du" spricht. Ich bin frei und der Verantwortung fähig nur deshalb, weil Er mich frei will. So bin ich in dem Maße ich-selbst, als Gottes Wille, sein lebendiger Anruf in mir zur Geltung kommt. Je stärker Gott in mir wird, je vollkommener sein Wille in mir regiert – wir haben es bedacht, als wir vom Reiche Gottes sprachen – desto reiner bin ich ich-selbst, frei und verantwortungsstark.

Wenn sich also der Mensch mit den Worten des Vaterunsers an Gott wendet und bittet, Er möge der eigenen Schwäche helfen, daß sie die beständige Versuchung des Daseins bestehen könne, dann kann das in der Form des Unernstes und der Feigheit geschehen. Das wäre aber nicht der Sinn des Textes, sondern er leitet mich an, Gott zu bitten, daß Er, der mich erschaffen hat und im Sein hält, mich in meiner Verantwortung stärken möge.

II
Die Versuchung des Nächsten

Wir entsinnen uns, wie die fünfte Bitte des Herrengebetes gebaut war: „Vergib uns unsere Schuld, wie auch wir vergeben unseren Schuldigern." Die sechste wäre leicht in gleicher Weise zu entfalten, nämlich: „Führe uns nicht in Versuchung, wie auch wir nicht versuchen wollen unseren Nächsten."

Bestünde aber Grund zu einer solchen Bitte? Steht der Mensch in Gefahr, Derartiges zu tun? Gibt er seinen Mitmenschen Anlaß zum Bösen? Verlockt ihn gar dazu, was doch recht eigentlich mit dem Wort des „Versuchens" gemeint ist? Wir wollen das Dasein weder verleumden noch verherrlichen, sondern sehen, wie es ist und ihm standhalten. Da aber müssen wir feststellen, daß der Mensch oft genug, um seine Absichten zu erreichen, dem Nächsten Anlaß zum Bösen wird. Ja, daß es in ihm auch das Vergnügen am Fehlgehen des Nebenmenschen gibt; das Gute als solches seinen Widerstand herausfordert; das Reine und Edle ihn reizt, und es für ihn zu einer schlimmen Lust werden kann, den Anderen ins Böse zu drängen.

Um das alles festzustellen, brauchen wir nicht nach krankhaften oder verbrecherischen Veranlagungen zu suchen; wir finden es ohne weiteres im Alltag um uns her und in uns selbst. So brauchen wir nur daran zu denken, was uns alles erlaubt scheint, wenn wir irgend eine Absicht durchsetzen wollen.

Jeder sucht seinen Vorteil. Das Wirtschaftsleben ist der Zusammenhang all der tausendfältigen Bemühungen der Menschen, ihren Unterhalt zu finden, Besitz zu erwerben, reich zu werden. Das ist an sich in Ordnung; wie wird es aber durchgeführt? Durch entsprechende Begabung, schnellen Blick für den Wert von Gütern und Diensten, gewiß; durch Arbeit, Ordnung, Fähigkeit, zu organisieren und so fort. Das sind die Grundlagen; wie steht es aber mit Wahrheit und Ehrlichkeit? Wo geht die Reklame einfach in Lüge über? Wo die Schicklichkeit in Täuschung? Damit wäre noch nicht von einer Versuchung des Nächsten die Rede; aber es bleibt ja nicht dabei, daß man selbst so tut, sondern man bringt auch andere dazu, Angehörige, Angestellte, Mitarbeiter. Wenn man das Element der Unwahrheit und Unehrlichkeit mit einem Ruck aus dem Wirtschaftsleben herausbringen könnte, die Erschütterung wäre groß ...

Oder denken wir an das andere elementare Streben des Menschen, das nach Macht. Mit welchen Mitteln schafft Einer sich gesellschaftlichen Einfluß? Wieder ist zuerst das Positive zu nennen: Begabung, Zielbewußtsein, gute Form und Fähigkeit der Menschenbehandlung – wo fangen aber die Techniken an, die Eitelkeit des Anderen zu wecken, seine Abneigungen auszunutzen, Diesen gegen Jenen auszuspielen? Und wie ist es mit dem politischen Leben? Ist es nicht mit Unrecht aller Art durchsetzt? Was heißt Propaganda? Redet sie nicht die Menschen in die Unwahrheit hinein? Besteht politische Tüchtigkeit nicht zu einem guten Teil darin, die Leidenschaften in Bewegung zu bringen? Mißtrauen, Neid, Haß zu entfesseln und ihre Kräfte für die eigenen Zwecke zu verwenden?

Was tut der Mensch, der sein Begehren durchsetzen will? Versucht er nicht, die Sinnlichkeit des Anderen zu wecken und sein Gewissen unsicher zu machen? Und findet die allgemeine Meinung es nicht selbstverständlich? Die menschliche Natur sei eben so, und der welterfahrene Mensch habe in diesen Dingen keine Vorurteile, sondern halte, „wie im Krieg, so in der Liebe", jedes Mittel für berechtigt? Was aber diese gleiche allgemeine Meinung in Dingen der Reklame, der Illustrationen, des Kinos für richtig und möglich hält; wie sie sich um die Verantwortlichkeit für die Wirkungen herumredet, die das alles auf Junge und Ältere hat, ist ebenso beschämend wie beunruhigend.

Blicken wir vollends vom Alltag auf die großen Vorgänge des geschichtlichen Lebens; sehen wir, mit welchen Mitteln der Machthunger arbeitet, dann kann man allen Glauben an das Gute im Menschen verlieren. Wir haben es ja bei uns selbst erlebt und erleben es seit Jahrzehnten bei anderen Völkern: Wie kommt die Diktatur zur Herrschaft? Wie wird das erreicht, daß ein Einzelner, eine Gruppe die Macht in die Hand bekommt und das Volk beherrscht? Und nicht nur in äußeren Dingen, sondern auch innerlich, seelisch, geistig? Natürlich sind immer auch Mißstände da, um deren Beseitigung man sich bemüht; ist Unrecht geschehen, das in Ordnung gebracht werden soll. Aber damit allein kommt keine Revolution zu Stande, noch eine Diktatur zur Herrschaft. Dazu wird in den Menschen durch zielbewußte Lüge das verwirrt, was ihnen die Kraft des Widerstandes gibt, nämlich das Urteil über Gut und Böse, Anständig und Gemein, bis eine Mentalität entsteht, in der jedes Mittel recht ist, das seinen Zweck erreicht. Und da die Diktatur weiß, daß der Glaube an Gott dem Menschen die Kraft gibt, Würde und Freiheit zu wahren, bringt sie eine Propaganda in Gang, die mit jeder Art von Entstellung und Verleumdung die Wahrheit zur Torheit macht, bis der Mensch sich wie ein Narr vorkommt, wenn er Gott treu bleibt. Von jenen satanischen Methoden nicht zu reden, die im Menschen die Fähigkeit des Unterscheidens so zerstören, daß er nicht mehr weiß, was Wahr und Falsch ist; die Person derart brechen, daß sie sich preisgibt und sich schuldig bekennt, wo sie im Rechten war.

Die Dinge der Welt aber sind oft derart verworren und verdorben, daß man zur Meinung kommen kann, im Grunde gehe es gar nicht anders, als auch das Unrecht zu benutzen, um seine Zwecke zu erreichen, und Einer, der sich bemüht, in Ehrlichkeit und Treue zu leben, als weltfremder Idealist dasteht.

Es gibt aber noch den anderen, viel schwerer zu verstehenden Impuls, der sich gegen das Gute als solches richtet – und sagen wir nicht zu schnell, wir hätten damit nichts zu schaffen; dazu müsse man von Grund auf böse sein, oder ein krankes Gemüt haben. Wenn wir wirklich sehen wollen, finden wir in uns sehr bald die Ansätze dazu.

Kennen wir nicht das Gefühl, daß ein ganz aufrichtiger Mensch uns auf die Nerven geht? Und nicht nur, weil er peinliche Situationen herbeiführt, oder uns in Schwierigkeiten bringt, sondern weil die Aufrichtigkeit selbst uns irritiert? ... Haben wir nicht schon erfahren, daß die Unschuld eines Menschen aufreizend wirkt? Wieder nicht nur, weil er sich ungeschickt benimmt, oder, ohne alle Absicht, wie eine Kritik wirkt, sondern weil die Reinheit selbst herausfordert, so wie eine Fläche unberührten Schnees dazu verlockt, auf ihn zu treten? ... Kennen wir nicht die sonderbare Verstimmung, die über den Durchschnittlichen kommt, wenn er einem Menschen begegnet, in welchem das Edle lebt? Der in Dingen der Ehre nicht mit sich handeln läßt; seine Freiheit entschieden wahrt; furchtlos für die Gerechtigkeit eintritt? ... Wird ein vornehmer Mensch so leicht als der erkannt, der er ist? Gibt es nicht das beschämende Verhalten der Ressentiments, worin der Durchschnittliche sich das Gefühl, zum Großen nicht fähig zu sein, dadurch leichter macht, daß er dieses im Anderen herabsetzt? Freilich dürfen wir nicht nur so ins Allgemeine fragen, denn dann würde die Selbstbehauptung rasch mit Nein, oder mit Unterscheidungen und Rechtfertigungen antworten; sondern wir müssen uns an bestimmte Situationen erinnern, scharf hinblicken und zu den versteckten Motiven durchdringen, die hinter den vordergründigen wirksam waren. Dann werden wir wahrscheinlich bald sehen, daß die geschilderten Gefühle uns durchaus nicht so fremd sind, wie unsere Selbstachtung es wünscht.

Und was ist der Witz? Nicht der Humor; der ist tief, und auf seinem Grunde liegt die Güte. Er liebt das Leben noch in seinen Torheiten und Fehlern und lächelt über sie. Der Witz hingegen kommt aus der Lust am Beschämen und Verletzen; aus dem Neid; aus einem verborgenen Haß gegen das, was rein und edel ist. Man braucht nur auf die Stimmung zu achten, die er hervorbringt; auf das boshafte Einvernehmen zwischen dem, der ihn macht, und denen, die über ihn lachen; auf die Hilflosigkeit dessen, der getroffen ist.

Was aber die Geschichte angeht, das große Geschehen in Völkern und Ländern, so ereignen sich darin immer wieder Dinge, die man nur versteht, wenn man den Drang erkennt, das Reine zu verschmutzen und das Vornehme gemein zu machen. Was zum Beispiel „Revolution" heißt, enthält gewiß berechtigte Motive: sie will Unterdrückung überwinden, Ungerechtigkeit durchbrechen, Mißstände beseitigen, die so verfestigt sind, daß die normalen Bemühungen sie nicht mehr in Bewegung bringen können. In der Weise aber, wie sie sich verwirklicht, kommen auch alle jene häßlichen Impulse zur Auswirkung, von denen die Rede war. Ja sie sind es gerade, die zu ihrer Durchführung entfesselt werden – so sehr, daß sie in gewissen Augenblicken das ganze Bild beherrschen, und der eigentliche Haß sich gar nicht gegen Mißstände und überholte Ordnungen, sondern gegen Bilder der Hoheit und des vornehmen Daseins richtet.

Doch kehren wir zum Alltag zurück. Unser sittlicher Stand hängt nicht davon ab, daß wir das Unrecht in den großen Formen der Geschichte, sondern daß wir es dort erkennen, wo wir stehen, und uns unserer eigenen Möglichkeiten zum Bösen bewußt werden. Nehmen wir ein Beispiel. Dem Menschen ist die wunderbare Gabe der Sprache verliehen. Er vermag das, was er in sich trägt, ins Wort zu geben und es offenbar zu machen. Das geht dann zum Anderen hinüber; der hört es, nimmt es in sich auf; antwortet seinerseits, und es entsteht zwischen ihnen Gemeinschaft in der Wahrheit. Wenn die Rede aber lügt? Dann wirkt sie Schlimmes; und nicht nur deswegen, weil der Hörende getäuscht wird, sondern weil die Atmosphäre der Lüge selbst etwas ist, das zerstört.

Man kann da auf eigentümliche Gedanken kommen. Wie ist das: kann der Geist des Menschen erkranken? Die Psychologie sagt: Gewiß, dann, wenn die Motive des Seelenlebens zueinander in Widerspruch geraten, der Ablauf der Vorstellungen gestört ist und dergleichen mehr – was alles auch oft mit körperlichen Schädigungen zusammenhängt. Doch erkrankt hier nicht der Geist selbst, sondern diese oder jene seiner physisch-psychischen Vollzugsformen. Kann aber auch der Geist als solcher zu Schaden kommen? Allerdings, das kann geschehen, und zwar dann, wenn sein Verhältnis zu dem falsch wird, auf das er wesenhaft bezogen ist, nämlich zur Wahrheit, zum Guten, zur Ordnung. Nicht schon dann, wenn er etwa irrt, oder lügt, es auch öfter tut, sondern wenn sein Verhältnis zur Wahrheit als solches verdirbt. Von hier aus gesehen, scheint es in der Welt viele am Geist Kranke zu geben, von denen kein Psychiater spricht; besteht doch zum Beispiel eine der furchtbarsten Wirkungen der totalistischen Methode darin, daß sie den Menschen dieses Verhältnis zur Wahrheit wissentlich zerstört. Alles Sprechen übt Wirkung auf den, der es hört, gute und schlimme. Es beeinflußt sein Verhältnis zur Wahrheit. In unmerklichem Maße, gewiß, so, wie jene feinsten Schwingungen, von denen uns die Physik spricht. Aber die Wirkung erfolgt, und wir sollten uns ihrer bewußt werden.

Diese Überlegungen wollen nicht moralisieren, sondern deutlich machen, was beständig geschieht, und den Sinn der Bitte nahebringen, von der wir sprechen.

Achten wir doch einmal darauf, was alles geredet und geschrieben und dargestellt wird. Beim Sprechen schließt sich ein Kontakt zwischen einem Inneren hier und einem anderen dort. Darin verwirklicht sich Gutes und Schönes, aber auch viel Schlimmes! Mit welcher Leichtfertigkeit sprechen wir oft; mit welcher Lust, Geachtetes in Frage zu stellen. Stehendes ins Wanken zu bringen. Wie schnell urteilen wir. Wie bedenkenlos werfen wir Zweifel, die wir selbst haben, dem Anderen zu, ohne uns zu fragen, was dadurch in ihm geschieht.

Jesus hat gesagt: „Ärgernisse müssen kommen“ – die Gefahr, daß Böses veranlaßt werde, ist im Ganzen des Daseins, wie es nun einmal ist, unvermeidlich –, aber „wehe dem Menschen, durch den das Ärgernis kommt“ (Mt 18,7). So mögen wir uns prüfen, ob uns bewußt ist, daß das, was wir sagen, auf den Andern wirkt. Daß die Weise, wie wir leben und handeln und uns halten, sich beim Andern in Antriebe umsetzt. Und daß wir – im Maße des Vernünftigen – dafür verantwortlich sind, was aus jenem wird. Es ist ein Gedanke zum Fürchten, daß ich einst über das, was ich gesprochen; über den Einfluß, den mein Wesen und mein Tun gehabt haben, werde Rechenschaft ablegen müssen.

Gewiß, man darf dem Gedanken nicht zu viel Macht geben, sonst entsteht eine Bannung, die alle Zuversicht des Redens und Handelns zerstört. Darf auch den Andern nicht in Vorsorge einspinnen, weil er sonst um seine Freiheit kommt. Besonders wer ein ängstliches Gewissen hat, soll sich davor hüten. Grundlage unseres Verhältnisses zum andern Menschen muß immer bleiben, daß er Person ist, die Vernunft und Freiheit hat. Er muß für sich selbst einstehen; das dürfen wir ihm nicht abnehmen, sonst schwächen wir seine wichtigste Kraft. Etwas anderes kommt hinzu, eine Selbstverständlichkeit, die aber unser Dasein bestimmt: daß menschliches Leben nun einmal ein Miteinander ist. Immer sind Menschen bei uns, und wir bei Menschen. Alle Vorgänge unseres Lebens vollziehen sich in wechselseitigem Umgang, im Austausch der Meinungen, in gemeinsamer Arbeit; so gehen Wirkungen beständig hin und her. Daraus erwachsen natürlich auch Gefährdungen, denn was dem Einen gewohnt ist, kann den Andern beunruhigen; ein Gedanke, der diesen anregt, kann jenen in Konflikte bringen. Die Verantwortung darf aber nicht so verstanden werden, daß sie das Leben lähmt, sondern ein gesundes Maß der Äußerung und Auswirkung muß selbstverständlich sein – die Frage ist nur, wo die Gefahr für den Andern sich so verdichtet, daß sie nicht mehr gerechtfertigt werden kann.

Zu den Charakteristiken unseres heutigen Kulturzustandes gehört das Anwachsen der Öffentlichkeit. An sich sollte ein Gleichgewicht zwischen dem öffentlichen Leben und dem privaten herrschen – der Sphäre also, in welcher der Einzelne mit Anderen zusammen ist und sie nehmen muß, wie sie sind, und jener, in der er bei sich selbst ist, oder doch bei solchen, die er nach seinem Sinn beeinflussen kann. Dieses Gleichgewicht ist aber weithin verloren. Das Leben des Menschen wird immer mehr in die Öffentlichkeit getrieben. Das Nachrichtenwesen drängt sich in alles Private. Die Dinge des Daseins werden in Zeitung und Rundfunk, im Kino- und Fernsehbetrieb von Tag zu Tag rückhaltloser besprochen. Das kann gute Wirkungen haben, das Denken unabhängiger und das Gewissen freier machen; es steht aber sehr dahin, ob das auch mit entsprechender Sicherheit der Unterscheidung und Festigkeit des Stehens zusammengeht. Vieles von dem, was man die Mündigkeit des modernen Menschen nennt, ist in Wahrheit nur Gleichgültigkeit.

Wie das auch sein möge, die Verantwortung bleibt, und die Ethik des öffentlichen Lebens muß sich ihrer bewußt sein. Es ist nicht leicht, darauf hinzuweisen; sobald man es tut, erhebt sich von allen Seiten der Protest, man sei autoritär und engherzig und zerstöre die Freiheit. Daß aber gerade durch die beständige Lockerung des Gewissens die Freiheitskraft zerfällt, wird nicht bedacht – bis die wirkliche Diktatur zugreift, und dann wird jede Knechtung hingenommen.

Die Genesis erzählt ein düsteres Ereignis. Die ersten Eltern haben zwei Söhne von sehr verschiedener Sinnesart, Kain und Abel. Der ältere der beiden aber erschlägt den Bruder, weil er dessen Reinheit nicht ertragen kann. Wie dann Gott ihn nach diesem fragt, antwortet Kain: „Bin ich der Hüter meines Bruders?“ – was geht der mich an? (Gen 4,8–9) Das steht am Beginn der Menschengeschichte. Eine furchtbare Mahnung; lassen wir sie uns nahekommen. In jedem von uns ist Kain; es hängt nur von der Gelegenheit ab, wie weit er vordringt und in welcher Weise. An jeden wird einmal die Frage ergehen: „Wo ist dein Bruder – wo deine Schwester?“ Was ist aus den Menschen geworden, die unter deinem Einfluß standen? Was haben deine Reden in ihnen angerichtet? Wozu hast du sie gebracht? Was hast du in ihnen zerstört?

Das sind harte Fragen, aber wir umgehen den Ernst unseres Daseins, wenn wir sie nicht stellen. Denn gestellt werden sie einmal, an jeden von uns, im Gericht Dessen, dem die Antwort nicht verweigert werden kann.

„Sondern erlöse uns von dem Übel"

I
Das Leiden der Welt

„Erlöse uns von dem Übel", lautet die letzte Bitte des Vaterunsers in der uns vertrauten Übersetzung. Diese vereinfacht aber den ursprünglichen Sinn; vielleicht muß man sogar sagen, daß sie ihn verdünnt. Sie geht vom lateinischen Text aus, der *libera nos a malo* sagt, doch verliert sie dessen Doppelbedeutung; denn *malum* steht für das griechische *ponerón*, und dieses meint wohl das Schwache, Kranke, Unglückliche, aber auch das Böse, vielleicht sogar den Bösen. Hier wollen wir uns aber zuerst an den deutschen Text halten und in der Bitte die Stimme des Menschen hören, der zu Gott um Hilfe in den Leiden des Daseins ruft.

Was „Übel" ist, wie vielfältig seine Formen und wie groß seine Not, weiß jeder, und er lernt es um so gründlicher, je weiter sein Leben vorschreitet. Immer genauer erfährt er, wieviel Krankheit und Schmerzen es gibt; wie zahllos die Sorgen und Bedrängnisse des Lebens sind, des eigenen und derer, die er liebt; wie groß die Angst in der Unsicherheit des Daseins werden kann.

Er weiß von der Not, nicht zu sehen, was man soll, und der ebenso großen, nicht tun zu können, wozu man sich gerufen weiß. Er weiß von dem Schweren, das zwischen Mensch und Mensch tritt, wenn solche, die zusammengehören, einander nicht mehr verstehen und sich gegenseitig wehtun; wenn ein Mensch fortgenommen wird, der einem teuer war. Er lernt die Leiden an beleidigter Ehre, an Ungerechtigkeit und Unwahrheit kennen – und als ob das nicht genug wäre, haben die letzten Jahrzehnte all die Schrecknisse und Verzweiflungen über ihn gebracht, die aus den entfesselten Mächten der Geschichte, aus der Gewalttätigkeit der Ideologien, aus Machtgier, Haß und Zerstörungswut entstehen: Krieg, Umsturz, Zwangsherrschaft ...

Wie wird denn der Mensch mit alledem fertig – wenn er schon damit fertig wird und nicht zu Grunde geht? Darüber wäre vieles zu sagen. In etwa hat jeder Mensch darin seine eigene Weise, denn es ist ja die Weise, wie er geartet ist und sein Leben führt. Aber vielleicht kann man einige immer wiederkehrende Formen herausheben, wie er sich auf den furchtbaren Vers des Übels in der Welt einen Reim zu machen sucht. Weit verbreitet ist eine Anschauung, die so sagt: Die Übel in der Welt müssen nicht sein, nicht auf die Dauer, denn sie kommen aus der Unwissenheit und Unerfahrenheit des Menschen. Wenn er einmal in der Erkenntnis der Ursachen und im Gebrauch der natürlichen Kräfte weit genug vorgeschritten ist; wenn er gelernt hat, wie die Produktion rationell gestaltet, die Güter richtig verteilt, die soziale Ordnung der Wirklichkeit entsprechend durchgeformt werden muß; wenn er einmal einen Staat aufgebaut hat, der nicht Last, sondern Wohltat ist, dann gibt es kein Übel mehr. So ist das Ergebnis: Vom Übel erlösen kann der Mensch sich selbst – aber auch nur er selbst. Er muß alles Hinüberschielen zu göttlichen Hilfen wegtun und sich ganz auf sich selbst stellen. Muß arbeiten, forschen, planen, bauen, unermüdlich, dann wird es ihm gelingen. Es ist die Überzeugung vom allgemeinen und unbedingten Fortschritt, die, heute mehr denn je, durch die Welt geht. Asien aber, das wir als Hüter tiefer Weisheit angesehen hatten, scheint diesem Gedanken immer rascher zu verfallen.

Hat er recht? Daß viel und immer noch mehr getan werden kann, um die Nöte des Daseins zu beheben, ist sicher. Sicher auch, daß der Mensch die Aufgabe ernst nehmen und sich anstrengen soll. Ist es aber wahr, daß das Übel im Grunde nicht zu sein brauchte? Daß es auf Ursachen beruht, die schrittweise überwunden werden können, bis sie schließlich ganz verschwunden sind? Wer so sagt, kennt den Menschen nicht, denn in seinem Innersten ist eine Verwirrung der Antriebe und Maßstäbe, die in alles hineinspielt, was er tut, und immer neue Bedrängnisse erzeugt. Diese Verwirrung ist grundsätzlich nicht zu meistern. In ihr wirkt die Urschuld durch die Geschichte weiter; hat ein Mensch sein Leben halbwegs in Ordnung gebracht, dann muß sein Sohn wieder von vorn anfangen.

Eine zweite Theorie kommt von der entgegengesetzten Seite und sagt: Das Schlimme gehört zum Dasein, wie das Dunkel zum Licht. Wenn die Sonne die Dinge erhellt, erzeugt sie auf deren abgewendeter Seite notwendig den Schatten. Soll es den Tag als Zeit des Lichtes geben, dann muß auf ihn die Nacht folgen. So ist Freude nicht möglich, wenn nicht ihr Gegenspiel, das Leid, sie unterfängt... Das Schiff braucht den Ballast, der es zwar schwer macht, ihm aber auch Halt und Richtung gibt. Das Gleiche gilt vom Dasein. Das Leiden ist Last und Druck; es macht aber auch, daß unser Leben im

Gleichgewicht bleibt und Richtung hält ... Und noch einmal: ein Dasein, das in Ordnung wäre, nur Frieden, Fruchtbarkeit, Freude kennte, müßte klein und langweilig werden. Das Edle kann nur tragisch sein; Kampf und Schmerz, Untergang sind die bittere Kraft, die es trägt.

Das klingt stark und hat sein Wahres. Aber lassen wir uns auf eine Erfahrung hinweisen, die sehr ernüchtern kann: Begegnet man nämlich Leuten, die so sprechen, dann bekommt man in der Regel das Gefühl, mit der Tragik meinen sie die der Anderen, sehen sich selbst aber als die Wissenden, welche sie verstehen und würdigen. Trifft das Schwere sie selbst, dann ändert sich der Ton ... Abgesehen davon liegt in dieser Anschauung auch eine große Herzenskälte. Wer wirklich weiß, was Leiden ist, verfertigt daraus keine Theorie ästhetisch-tragischer Größe ... Endlich aber, und das wirft jeden Versuch dieser Art um: die Weise, wie das Leiden den Menschen trifft, der doch Person ist, Würde und Ehre hat; jenes Leiden zumal, das Qual heißt, Erniedrigung, Zerstörung, geht überhaupt in keine Theorie ein. Es in eine solche aufzulösen, ist Frevel.

Noch eine dritte Anschauung gibt es, die verbreitetste, die sagt: Das Leben ist nun einmal, wie es ist. In ihm ist Schönes und ist Schlimmes; heute geht es einem gut, morgen schlecht. Man muß alles nehmen, wie es kommt. Ist Schweres zu ändern, so ändert man es; wenn nicht, dann muß man eben sehen, wie man damit fertig wird.

Das klingt banal, kann aber auch wirkliche Weisheit sein: jenes Sich-Abfinden, das aus der immer wieder sich einstellenden Erfahrung kommt, alles Ändern-Wollen helfe im

Grunde doch nichts, denn die Wirklichkeit sei zäher als unsere Kraft. Die Reformen führten immer nur bis zu einem gewissen Punkt; darüber hinaus bleibe alles, wie es war. Jede Besserung auf der einen Seite werde durch eine Verschlimmerung auf der anderen aufgewogen; gewinne man hier einen Wert, dann verliere man dort einen anderen. Aus solchen Erfahrungen kann sogar etwas sehr Schönes erwachsen, nämlich der Humor. Der hat die Illusionen weggetan und sieht die Dinge, wie sie sind: das Gute als gut, das Schlimme als schlimm, dazu die Unzulänglichkeit überall; aber er vermag darüber zu lächeln, weil er im Grunde das Dasein liebt – wir haben schon einmal von ihm gesprochen. Diese Anschauung ist nicht sehr heroisch, doch hat sie viel für sich. Vielleicht bleibt sie unter den bloß menschlichen Weisen, das Leben zu nehmen, der Wirklichkeit am nächsten.

Wie denkt denn Jesus über das Übel? Er hat es genau gekannt, denn sein Herz hat das Leid der Menschen, die Armut, Krankheit und Verlassenheit, den Schmerz der Mütter, die Bedrängnis durch die Mächtigen, das Dunkel der Sünde und des Irrtums gefühlt.

Er hat es auch aus eigener Erfahrung gekannt. Wir brauchen bloß das Evangelium aufzuschlagen, um zu sehen, wie sein Leben war. Kaum geboren, hat Er schon in die Fremde fliehen müssen. Wenn man auch wohl nicht von wirklicher Armut reden kann, so waren die Seinen doch gewiß nicht begütert. Von sich selbst hat Er das schwere Wort gesprochen: „Die Füchse haben ihre Höhlen und die Vögel ihre Nester; der Sohn des Menschen hat nichts, wohin Er sein Haupt lege." (Mt 8,20) Sobald Er anfängt, zu verkünden, sind die Gegner da und arbeiten wider Ihn. Sein Wort wird mißverstanden und mißdeutet. Verleumdung aller Art entstellt seine Absichten. Um Ihn her ist furchtbare Einsamkeit, denn auch von denen, die zu Ihm halten, versteht zu seinen Lebzeiten Ihn keiner. Schließlich zieht sich alles in die Unwahrheit der Anklage, in die Schmach des ungerechten Urteils, in die Schrecknisse der letzten Stunden zusammen. Hinter allem aber steht ein Leiden, für das wir keinen Begriff haben: daß Er, der Heilige, im Raum der Sünde leben; daß Er sie auf sich genommen hatte und nun für sie einstehen mußte – das, was sich in seinen Worten auf Gethsemane und auf Golgotha andeutet. So ist das Kreuz Symbol seiner Existenz. Nicht das einzige, sicher, die Sonne des Ostermorgens gehört dazu; aber vor ihr steht eben doch das Kreuz. Er hat also aus eigener Erfahrung gewußt, wie das Übel ist; war aber innerlich so frei, daß Er ihm nicht erlag, und so wissend, daß nichts sein Urteil beirren konnte – wie hat Er darüber gedacht? Hat Er geglaubt, man könne es beseitigen? Man hätte das Recht, darauf hinzuweisen, wie Vielen Er geholfen hat. Er hat Hungrige gespeist, Bedrückte getröstet, Kinder gesegnet. Unzählige Kranke haben sich an Ihn gedrängt, siehe Markus 6,54ff, und Er hat sich dem Elend zugewendet und geheilt … War das aber ein Heilen und Helfen von der Art, wie ein Arzt oder ein Sozialreformer es übt?

Offenbar nicht. Er hat nicht geheilt, damit die Krankheit zurückgedrängt und einmal ganz überwunden werde, sondern damit in der Gesundung des Körpers dem Menschen aufleuchte, was überhaupt „Heil“ und „Heilung“ ist. Die Seele sollte sich dem öffnen, was endgültig heil macht, und das ist nichts Medizinisches mehr. Ebenso wie die Sättigung der Vielen in der Wüste nicht aus der Absicht geschah, hier und anderswo und schließlich überall solle es keinen Hunger mehr geben, sondern Er wollte den eigentlichen Hunger wecken, wie Er ja bald nachher gesagt hat: „Müht euch nicht um vergängliche Speise, sondern um eine Speise, die für ewiges Leben dauert, die der Menschensohn euch geben wird" (Joh 6,27). Jesus sieht also, was schlimm ist, und bejaht, was helfen kann – aber im Letzten? Was steht für Ihn am Ende der langen Menschengeschichte? Der Optimismus sieht dort den idealen Zustand: den „Zukunftsstaat" des allgemeinen Wohlseins, oder „Menschen, Göttern gleich". Aber Jesus? Lesen wir seine Reden über die Endzeit, Mt 24 und 25! Da erheben sich die großen Schrecken; und wer etwas vom wirklichen Menschen und von der wirklichen Geschichte weiß, der ahnt, trotz alles Willens zum Vorankommen und aller Energie des Schaffens und Leistens: So wird es sein.

War Jesus also Pessimist? Hat Er das Dasein in Untergang und Sinnlosigkeit preisgegeben? Oder hat Er das Leiden als Bedingung tragischer Größe angesehen? Das erste ist Krankheit und das zweite Ästhetik. Weder war Er ein Müder, der im Dasein verzagt, noch ein Illusionist, für den das Leiden ein Mittel ist, das menschliche Leben mit Großartigkeit zu beleuchten. Was aber schließlich die dritte Ansicht angeht, nämlich das Hinnehmen des Lebens, wie es ist, so hat Er allerdings Dinge ausgesprochen, die dahin zu deuten scheinen. So hat Er gesagt: „Arme habt ihr allezeit bei euch." (Mt 26,11) Sein Gleichnis von den feindlichen Königen (Lk 14,31f) nimmt den Krieg als eine mit dem Dasein gegebene Tatsache, und anderes mehr. Von Utopien hat Jesus nichts gehalten; dafür hat Er, wie Johannes sagt, zu gut gewußt, „was im Menschen ist“ (Joh 2,25). Daraus aber, daß die Wirklichkeit gesehen werden muß, wie sie ist, hat Er weder eine achselzuckende Philosophie, noch eine skeptische Lebenspraxis gemacht, sondern uns gelehrt, wir sollen verstehen, woher das Leiden kommt und es in Bereitschaft und Vertrauen annehmen: „Wer mir nachfolgen will, der verleugne sich selbst und nehme sein Kreuz auf sich und folge mir nach“ (Mt 16,24) – damit daraus Heil werde für ihn selbst und für alle.

Also noch einmal: Wie versteht Jesus das Leid des Lebens? Nicht aus ihm selbst heraus. Die scheinbar so verschiedenen Weisen, wie es verstanden wird, haben eines gemeinsam: sie deuten es aus der Natur des irdischen Daseins. Das ist aber nicht möglich. Das Leiden des Tieres kann man aus dessen unmittelbarer Lebensstruktur verstehen; das des Menschen nicht, sondern hinter ihm steht eine Geschichte – jene, von welcher die ersten Kapitel der Genesis sprechen. Der Mensch sollte nicht aus bloßen Natur- und Kulturbedingungen, sondern aus der Liebe, dem Gehorsam und dem Vertrauen zu Gott existieren. Von daher sollte er gesund und heil sein. Er aber hat die Verbindung zerbrochen, die Verstörung ist bis in sein Innerstes gegangen, und das ist nicht mehr rückgängig zu machen. In diesem Sinne ist das Dasein unheilbar.

Das klingt hart, und jeder Utopist wird Zeter schreien. Es ist aber wahr. Die Verstörung sitzt im Kern des Menschen; so ist es gar nicht anders möglich, als daß sie immer neu in Unordnung und Leiden ausbreche. Jeder Mensch muß mit ihr ringen. Ist es ihm aber gelungen, sie in etwa zu meistern – sein Sohn steht neu vor der gleichen Aufgabe. So sagt Jesus:

Du mußt das Leiden von seiner Wurzel her verstehen. Gewiß darfst du darum kämpfen, daß die Dinge besser werden, sollst darin sogar Aufgabe und Verantwortung sehen. Im Letzten mußt du aber annehmen, was der Mensch durch seine Schuld über sich gebracht hat; es lebend verarbeiten und daraus ein Mittel der Läuterung machen.

Die Antwort auf die Not des Daseins gibt kein Wissenschaftler, kein Philosoph und kein Sozialreformer, sondern nur Gottes Wort. Das aber verstehen wir in dem Maße, als wir es leben, und ganz erst im ewigen Licht. Bis dahin müssen wir in der Ratlosigkeit dieses Daseins ausharren. Wohl arbeiten, wohl kämpfen, wohl uns mühen, Tag für Tag, zutiefst aber wissen: es gibt keine Generalreform, sondern das Leiden muß von seinen Wurzeln her begriffen und als Sühne und Läuterung getragen werden – im Vertrauen auf Den, der einst alle Dinge in Ordnung bringen wird.

Daraus kommt, was nirgendwoher sonst kommen kann, der Friede. Er kann nur aus einem Einverständis mit der Wahrheit hervorgehen. Nie aus Reformen und Revolutionen, denn der Mensch ist beim Menschen in keiner guten Hand; deshalb, weil der, der ihn in die Hand nimmt, selbst nicht in Ordnung ist. Wir müssen unser Leben aus dem Glauben an Gottes Wort führen und auf die Hoffnung hin, Er werde es einst ewig in Ordnung bringen.

II
Das Übel und das Böse

Um die letzte Bitte des Vaterunsers zu verstehen, müssen wir wieder auf den Urtext zurückgreifen, denn der ist, wie schon in der vergangenen Betrachtung bemerkt wurde, reicher als die deutsche Übersetzung. Das Wort, das sie mit „Übel" wiedergibt, meint wohl dieses, das Wehetuende und Zerstörende, aber auch das Böse. Eine genaue Übersetzung würde also wohl richtiger lauten: „erlöse uns von dem Schlimmen", denn das deutsche „schlimm" spielt ebenso, wie das lateinische *malum*, zwischen beiden Bedeutungen. Wenn das Wort uns aber zu harmlos klingt, dann sagen wir schon richtiger „von dem Bösen" und verstehen die beiden Worte so, daß sie zusammenhängen: das Übel, sofern es aus dem Bösen kommt; das Böse, sofern es die Wurzel alles dessen ist, was Leiden bewirkt.

Lassen wir einmal unsere Gedanken gehen. Lassen wir sie ein Märchen erzählen – es gibt ja doch Märchen, die Wahrheit aussprechen, weil in ihnen die Wirklichkeit ihr Geheimnis offenbart. Denken wir also, Einer könnte machen, daß das Böse verschwände – sagen wir zum Beispiel die Trägheit. Die Menschen täten rührig und gewissenhaft ihre Arbeit. Und das nicht aus Gier nach Gewinn, sondern um der Sache willen. So gebrauchten sie auch das, was sie gewännen, weder in Geiz, noch in Verschwendung, sondern so, wie es richtig ist: im Dienst des Lebens und im rechten Maß. Würde dadurch nicht eine Flut von Übeln beseitigt werden?

Offenbar würde es keine Entbehrung mehr geben, denn die kommt letztlich nicht aus den Bedingungen der Natur; die

Erde hätte Nahrung für alle. Sie kommt von den Menschen, von der Gier der einen, der Unvernunft der anderen, der Lässigkeit der dritten. Wenn diese sich änderten, würde auch alles das verschwinden, was mit der Not zusammenhängt: der Zwang der Arbeit ebenso wie die Verzweiflung, nicht arbeiten zu können; die entsittlichende Wirkung des Mangels, viel Laster, viel Verbrechen ...

Das Märchen geht weiter und erzählt, der Magier könne bewirken, daß es keine Abneigung, keine Lieblosigkeit, keinen Haß mehr gebe. Und nicht erst in Worten und Handlungen, sondern schon in den Affekten, im Meinen und Gesinntsein. Er könne machen, daß die Menschen einander in Rechtlichkeit und Wohlwollen begegnen – dann würden die ganzen Beziehungen der Menschen zu einander sich ändern. Mißverständnisse, Neid, Eifersucht, Verleumdung, Streit, Rache gäbe es nicht mehr, und damit nichts von all dem Unabsehlichen, was an Schädigung, Kränkung, Zerstörung, Entbehrung daraus hervorgeht.

In unserem Märchen brächte der Magier auch den Machthunger zum Verschwinden, der sich in politische Weisheit, in Sorge für das Volk, in Notwendigkeiten der geschichtlichen Situation, in Forderungen der Kultur verkleidet, während in Wahrheit das, worum es ihm geht, doch nur der Wille ist, Einfluß zu haben, Ehre zu genießen, Herrschaft auszuüben; die Erregung zu fühlen, wenn man den Andern unter sich drückt, weil das eigene Selbst dann höher zu steigen scheint. Geschähe das, dann würde sich das Angesicht der Erde verwandeln. Jeder würde dem Andern das Recht auf Freiheit und Selbstentfaltung zugestehen; die Familien würden sich gegenseitig achten; die Unternehmungen sich verständigen, die Völker einander in Ehren halten und zusammen das Werk der Menschheit aufbauen... Vielleicht lächelt der Leser; aber es soll ja ein Märchen erzählt werden, das deutlich macht, was alles an Not und Leid nicht aus Notwendigkeiten der Natur, sondern aus verkehrter Gesinnung, mit einem Wort, aus dem Bösen kommt.

Wenn man den Drang zur Empörung auflösen könnte; die Lust gegen die Ordnung anzugehen, dann hätte das Gesetz Hoheit, und die Kräfte würden sich in positive Leistung wenden. Wenn man die Leidenschaften – nicht aufheben, denn sie sind der Energievorrat des Menschen – aber ins Maß bringen könnte, wieviel Leid und Zerstörung würde dem Menschen erspart... und so fort durch die ganze Lebenswelt hin. Bliebe da von den Übeln des Daseins überhaupt viel übrig?

Denn selbst das, was nicht zu beseitigen wäre: etwa daß Naturkatastrophen sich ereigneten, oder Einer krank würde ohne seine noch eines Andern Schuld, oder was immer derart geschähe – auch das noch würde einen anderen Charakter bekommen. Eine Krankheit wirkt sich in einem weichlichen Menschen anders aus als in einem überwindungsfähigen; ebenso wie der gleiche Verlust sehr Verschiedenes bedeutet, wenn er einen zerfahrenen Charakter trifft, oder einen festen und auf Gottes Führung vertrauenden.

Auch müssen wir zu alledem die Erkenntnis der neueren Anthropologie hinzunehmen, die uns sagt, in welch weitgehendem Maß der Mensch von der Seele her gesund und krank ist. Denn die Seele lebt nicht nur im Körper, wie ein Mensch in seinem Haus, sondern sie baut, stört und zerstört ihn beständig. Ja was wir „Körper“ nennen, ist schon durchseelt – ebenso wie „Seele“ ihrerseits verkörpert ist. So wirkt alles Böse – jetziges und früheres, offen getanes und verborgen gewünschtes – in die Physis hinein und macht sie untüchtig oder krank. Der Mensch ist ein lebendiges Ganzes; jede Handlung setzt sich in Strebungen oder Hemmungen um, bildet am Gefälle künftigen Handelns mit, und bestimmt so das künftige Sein.

Aus solchen Überlegungen kommt uns sogar eine Wahrheit nahe, die dem neuzeitlichen Menschen ganz töricht erscheint; der paulinische Gedanke, daß erst „durch die Sünde der Tod“ gekommen, ja „zur Herrschaft gekommen ist“ (Röm 5,12.14; dazu Gen 2,16f) – der Tod selbst, wie auch die Macht des Todes, nämlich all das Dunkle, Ängstigende, Erniedrigende, das mit ihm zusammenhängt. Denn der Mensch der ersten Zeiten – waren es Jahre oder Tage, wer kann es wissen? – lebte aus der Kraft einer reinen, mit Gott verbundenen Seele und war von dort her heil. So hätte sein Leben natürlich, wie alles Zelthafte, sein Ende gefunden; das wäre aber nicht der Tod gewesen, sondern ein Überschritt ins Ewige, über dessen Weise wir freilich nichts sagen können, denn alles ist ja anders gekommen. Der Mensch hat Gott verraten; nun wurde das Enden des Lebens zum Sterben, und die Macht dieses Sterbens wirkt seitdem in alles hinein, so daß man nicht ohne Recht sagen darf, unser Dasein sei vom Tod bestimmt.

Das Märchen hätte noch manches der Art auszumalen, denn in ihm würde das Böse ja nicht nur bei uns heute verschwinden, sondern das wäre auch schon in der Generation vorher geschehen, und in der vorausgehenden, und immer weiter zurück, bis zu jener furchtbaren Schuld, durch welche die ersten Menschen ihr Dasein von Gott losgerissen haben. Dann wäre auch all das vererbte, verhärtete, ins Grundgewebe von Leib und Seele eingewachsene Böse, das die Geschichte beherrscht, nicht mehr da. Nicht da all das Verkehrte, Törichte, Boshafte, das sich in Sprache und Vorbild, in den Weisen des Zusammenlebens, in Sitte, Umgangsform und Herkommen verfestigt hat; von der ersten Schuld und Verstörung her, und der zweiten, und dritten, und den unzähligen folgenden, die ganze dunkle Kette entlang, welche bis zu uns Generation an Generation bindet, so beständig und überallhin wirksam, daß wir darauf gar nicht mehr aufmerksam werden.

Nehmen wir das alles zusammen, so wird uns deutlich, wie eng das Übel und das Böse zusammenhängen. Mehr wird klar: daß das Böse weithin einfach die Wurzel des Übels ist. Wenn daher das Vaterunser bittet, Gott möge vom Übel erlösen, so bedeutet das auch, Er möge uns befreien vom Bösen.

Was kann das aber heißen? Können wir vom Bösen erlöst werden, wenn die Dinge liegen, wie sie liegen? Ist der Zustand der Welt nicht, wie alle tiefer blickenden Menschen wissen, im Grunde irreparabel? Und ist daher nicht auch das Übel unausrottbar? Besteht nicht die Gefahr, auf diesem Wege in die Utopie zu geraten?

Die Offenbarung sagt uns, daß die Erlösung wirklich vollbracht ist und in unserem Dasein steht. Christus mahnt: „Seid getrost, Ich habe die Welt überwunden!“ (Joh 16,33) Was bedeutet das? „Welt“ ist eines der johanneischen Grundworte und meint nicht die Schöpfung als solche, sondern die vom Menschen gedeutete und ergriffene Schöpfungswirklichkeit – von jenem Menschen aber, der in Widerspruch gegen Gott getreten ist und sie in diesen Widerspruch hineingezogen hat. So ist ein Zusammenhang von Dingen, Handlungen, Gesinnungen entstanden, jenes schlimme „Reich", von dem bereits die Rede war. Da aber letztlich, von der Urversuchung her, Satan hinter dem bösen Tun des Menschen steht, ist es das „Reich des Fürsten dieser Welt" (Joh 12,31). Das hat Christus „überwunden".

Er ist in das Irdische Dasein eingetreten und hat unser Leben auf sich genommen, wie es ist. Eins aber war bei Ihm anders als bei uns: in Ihm war nichts Böses. Was wir uns als Märchen erzählt haben, war in Ihm Wahrheit. Er war gut von Grund auf; hat nur Gutes gewollt und gedacht und getan. Auch das Leid, das aus dem Bösen der Menschen hervorgegangen ist, hat Er auf sich genommen. Daraus ist eine Existenz entstanden, die ein großes Geheimnis bildet. Auf der einen Seite eine unendliche Kraft zu lieben, zu verstehen, zu tragen, auszuharren, Gottes eigene menschgewordene Kraft – auf der andern eine ebenso unendliche Verletzlichkeit; eine Leidensfähigkeit, die über alles hinausgeht, was wir erfahren können. Denn wir sind abgestumpft, sind schlau, haben vielerlei Techniken entwickelt, uns dem Zustand der Welt zu entziehen, oder ihn doch mit möglichst wenig Beteiligung durchzustehen. Jesus war ganz lebendig, wahr, offen und großmütig; so stürzte der Zustand der Welt auf Ihn, und Er wehrte nichts ab.

Ist es uns nicht schon geschehen – wenn das Leben Jesu an unserem Geiste vorbeizog, und wir sahen, wie die Leute ihren Sinn gegen ihn verschlossen, wie sie hetzten, logen, Fallen legten – ist uns da nicht schon das Gefühl gekommen: Warum erlaubt Er das alles? Warum schlägt Er nicht zu? Warum sammelt Er nicht statt unzulänglicher Leute geniale um sich, die Ihn verstehen und seine Gedanken vor den „Schriftgelehrten und Pharisäern" wirksam vertreten? Tapfere, die zu kämpfen wissen? Nicht nur, wie Petrus, einem Malchus das Ohr abschlagen und dann fliehen, sondern die Feinde auseinandertreiben und das führerlose Volk um den König sammeln? Weil seine Aufgabe darin besteht, mit der ganzen Inbrunst des Guten, zugleich aber mit der ganzen Verletzlichkeit des Nur-Guten die Welt auf sich zu nehmen und ihren Zustand durchzuleiden.

Das war seine Tat: daß Er ihrer verzweifelten Gottesfeindschaft Raum gab wider sich selbst, ihr Opfer wurde, und sie ebendadurch vor Gott überwand. Das war die Erlösung vom Bösen, dadurch, daß die Schuld gesühnt wurde. Um das zu verstehen, müssen wir es freilich gläubig denken, mit den Gedanken Gottes, nicht mit menschlichen. Vor der ewigen Gerechtigkeit lag auf dem Menschen die Schuld seiner Empörung; die hat der Gehorsam des Heiligen gesühnt. Dadurch hat Er den Schuldigen in einen neuen Anfang, eine neue Unschuld gestellt: in die seinige. Der Mensch ist wieder gerecht vor Gott, wenn er glaubend in die Einheit mit Christus tritt.

Aus dieser Einheit heraus kann er auch den Kampf gegen das konkrete Böse aufnehmen. Durch sie vermag er, wozu seine eigene Kraft nicht ausreicht. Aus diesem Bewußtsein wächst ein Wort von solcher Kühnheit wie das paulinische: „Alles vermag ich in Dem, der mich stärkt", und das ist Christus

(Phil 4,13). In solchem Glauben und Vertrauen – mit dem sich freilich der ganze Ernst eigenen Wollens verbinden muß – verwirklicht sich die Erlösung in uns.

Das darf nicht phantastisch verstanden werden. Was wir über die Verwirrung unseres Innern, die Antriebe zum Bösen, das ganze unselige Erbe der Jahrtausende erkannt haben, bleibt; aber ein Anfang ist da, von Christus her. Der ist neu. Hineingewoben in das Alte, so daß man ihn nicht, wie ein körperliches Organ, nachweisen kann, sondern auf Sein Wort hin glauben muß. Aber er ist da, wirklich und in dem Maße wirkend, als wir auf ihn hin wagen und handeln. Dann wächst in uns der „neue Mensch“, von dem Paulus und Johannes so eindringlich sprechen. Vom alten verdeckt; immer wieder behindert und zu Schaden gebracht; dennoch wirklich auf die Hoffnung hin, daß er einst vollendet und offenbar werden soll (Röm 8,19ff).

Wie ist es aber mit dem Übel, mit Not und Leiden? Die Verstörung der Ordnungen, von der die Rede war, ist Wirklichkeit und kann nicht rückgängig gemacht werden. Die Erlösung ist kein Märchen, so hat sie sie nicht beseitigt, verheißt auch nicht, sie solle in Zukunft einmal beseitigt werden, sondern es bleibt Aufgabe des Menschen, an ihr zu arbeiten. Dennoch ist etwas geschehen. Not und Leiden haben durch die Erlösung einen anderen Charakter erhalten: sie sind aufgenommen in das Leiden Christi und werden da zur Sühne für die Schuld der Welt – ebenso wie sie für den, der sie versteht, zur Läuterung und zum „Wachstum am inneren Menschen“ werden. Darüber hinaus findet aber der Glaubende in jenem Einvernehmen mit dem Herrn Antrieb, Halt und Kraft auch für seine Arbeit an der Welt, und vieles wird möglich, was der bloßen Eigenkraft des Menschen nicht möglich wäre.

Hier müssen wir uns auch noch etwas anderes klar machen, das für das Verständnis unserer Aufgabe als Glaubende wesentlich ist. Der Mensch hat heute eine Macht über die Welt gewonnen, die in früheren Zeiten unvorstellbar war. So ist ihm diese Welt in einem Maße in die Hand gegeben, die erschrecken kann – deshalb erschrecken, weil man nicht sieht, ob er auch die Verantwortung fühlt, die daraus kommt, und die sittlichen Voraussetzungen hat, um ihr genügen zu können. Der Christ muß erkennen, wie dringend er hier angerufen ist. Es reicht nicht hin, wenn er die Welt als den Ort ansieht, wo er „sich vor der Sünde hüten“ und „seine Pflicht tun“ soll, sondern er muß sie in seine Verantwortung nehmen und das Seine tun, damit es mit ihr richtig wird. Das ist eine schwere Aufgabe, und es mag ihm oft zu Mute werden, als sei sie sinnlos. Aber sie ist der Dienst, den er ihrem Herrn schuldet, und die Mühsal dieses Dienstes ist Sühne für die Untreue dessen, dem die Welt zuerst in die Hand gegeben war.

„Amen“

I
Das Gericht

Das Wort „Amen“ steht am Ende, es schließt das Herrengebet. Bevor wir über seine Bedeutung nachdenken, soll erst eine Vorfrage bereinigt sein, die sich in den Weg stellen könnte. Was ist für den Menschen überhaupt „Schluß“? Kommt für ihn einmal alles an ein Ende? Es gibt zwei Antworten, die das behaupten.

Die erste ist die des Materialismus und Positivismus, jener Lebensanschauungen also, die nur die empirische Welt kennen und alles sonst leugnen. Für sie ist der Tod das Ende einfachhin; für jeden Einzelnen, wie auch, wenn die Erde einmal unbewohnbar wird, für die Menschheit im Ganzen. Was Mensch und Menschheit in diesen Fristen leben können, muß ihrem Lebensverlangen genügen, dann kommt nichts mehr.

Ist das wahr? Die innerste Geschichte der Menschheit widerspricht. Bis nah an unsere Gegenwart heran hat das Herz des Volkes in allen Ländern von einem Leben nach dem Tode gewußt, und die Weisen haben darüber tiefe Dinge gesagt. Erst jetzt wird der bloße Erdenmensch zur offiziellen Lehre großer Völker – und selbst da bleibt es noch fraglich, wie weit sie mehr bedeutet als ein Mittel politischen Zwanges.

Aber auch die unmittelbare Selbsterfahrung des Einzelnen spricht anders. Wenn man ihr nicht Gewalt antut, gibt sie

Zeugnis von einer Lebendigkeit, die nicht zerfallen kann, weil sie geistig ist. Diese Stimme spricht um so stärker, je reiner in dem betreffenden Menschen der sittliche Wille, und je tiefer das Wahrheitsleben ist. Sein personales Bewußtsein muß großen Schaden gelitten haben, wenn er wirklich überzeugt sein soll, durch den Tod gehe es ins Nichts.

Noch eine zweite Antwort behauptet, mit dem Tode sei die menschliche Existenz, von ihr her gesehen, zu Ende, und zwar die eines christlichen Radikalismus, der meint, um der Reinheit des Glaubens willen müßten alle Brücken zerstört werden, die von der irdischen Welt her zur Offenbarung führen könnten.

Diese Meinung sagt, Gott habe den ersten Menschen die Möglichkeit gewährt, ein Leben ganz aus der Fülle seiner Gnade und im Gehorsam gegen seinen Willen zu führen (Gen 2,16–17). Darin hätte es einen Tod, wie wir ihn kennen, nicht gegeben. Die Menschen hätten sich aber gegen den Herrn aufgelehnt; so seien sie dem Tod verfallen. Dieser bedeute nun nicht bloß das biologische Ende, sondern die Herrschaft der Todesmacht über das Dasein überhaupt, auch über jenes darin, was wir „Geist“ nennen. So sei das Ende des irdischen Lebens nun ein Ende des ganzen Menschen. Der Gedanke einer unzerstörbaren geistigen Seele und ihres Weiterlebens über den Tod hinaus sei Heidentum und gehe den Christen nichts an; denn mit ihm rede er sich ein, in seiner Existenz gebe es etwas, das der Macht des Gottesgerichtes entrinnen könne. Woran sich der Christ ausschließlich zu halten habe, sei die Botschaft der Auferstehung. Christus habe stellvertretend die ganze Todesmacht erlitten und sie dadurch überwunden. Er sei aber auferstanden, und seine heilige Lebensmacht werde einst, wenn er wiederkehre, der Zeit ihr Ende setzen, auch den Menschen zur Auferstehung rufen. Leib und Seele erstünden dann zu einem neuen Dasein, das mit dem Irdischen in nichts zusammenhängen, vielmehr reine Gabe schöpferischer Gnade sein werde.

Hier scheint mit dem, was „Tod“ und „ewiges Leben“ heißt, erst wirklich ernst gemacht zu werden; die Nüchternheit der christlichen Botschaft weiß aber von solcher Vernichtung der Seele nichts. Nie hat die Kirche daran gezwelfelt, daß der personale Geist des Menschen durch den irdischen Tod hindurchgehen und vor Gott treten werde.

Das Alte Testament hat erst spät ein Bewußtsein von der Unzerstörbarkeit der Seele gewonnen, und auch da noch in einer zögernden Weise. Das hatte aber seinen guten Sinn, denn der Grundwille der alttestamentlichen Offenbarung ging darauf, Gott solle als der Herr einer wirklichen Geschichte erkannt werden. Er hatte sich ein Volk geschaffen, um in ihm und durch es die von mythischen Göttern und Dämonen in Besitz genommene Erde zu seinem Reich zu machen; so mußte der Glaube gleichsam in das irdische Dasein hineingepflügt werden. Die ganze Aufmerksamkeit sollte darauf gerichtet sein, daß im vergehenden Leben Raum für das Ewige werde. Man braucht nur die Psalmen aufzuschlagen, um zu sehen, wie die irdische Zeit selbst eine Art geheimnisvoller Heilsewigkeit gewinnt – Gottes Sache ist es dann, was nach dem Tode sein wird. Im Neuen Testament hingegen rückt die Ewigkeit jenseits des Todes ganz nahe an die Zeit heran, und der gläubige Blick kann frei in sie schauen.

Kein Wort des Evangeliums spricht von einem radikalen, das ganze Dasein zerstörenden Tod; manche Stellen dafür ausdrücklich vom Schritt der Seele nach dem Tod in den Bereich des Gottesgerichts. Was sollte es sonst heißen, wenn zum Beispiel Jesu Gleichnis vom armen Lazarus sagt, der Bettler werde da in den Schoß Abrahams, der Reiche in die Hölle getragen (Lk 17,22f)? Was, wenn Jesus dem zu seiner Seite gekreuzigten, reuigen Verbrecher verspricht: „noch heute wirst du bei mir im Paradiese sein", und Er dann zu seinem Vater sagt: „in Deine Hände befehle Ich meinen Geist" (Lk 23,43.46)?

Gewiß erfährt auch die Seele die Macht des Todes, jeder Tag lehrt es eindringlich genug. Aber der Gedanke, diese Macht werde sie im Sein vernichten, ist ebenso „heidnisch" wie jener, das ewige Leben, das die gute Botschaft verheißt, bestehe in der Unzerstörbarkeit des Geistes, von welcher ein Platon spricht. Nach dem Tode lebt die Seele fort; das hat weder mit antikem noch mit neuzeitlichem Spiritualismus etwas zu tun. Wie dieses Leben sein wird, wissen wir nicht; die alte Kirche hat es einen Schlaf genannt. Jedenfalls ist es auf die einstige Auferstehung ausgerichtet, ein geheimnisvolles Harren auf das Eigentliche. Darin ist schon Gericht, das besondere, hingeordnet auf das allgemeine, in welchem das große Menschengesamt mit seiner Geschichte das Urteil finden wird.

Und nun kehren wir zum Herrengebet zurück; zum „Amen", mit dem die Gewohnheit der Kirche es beschließt. Dieses Amen stammt aus der religiösen Sprache des Alten Bundes und war ein Wort der Bestätigung. Nachdem Moses dem Volke in feierlicher Stunde die Forderungen Gottes vorgetragen hatte, „antwortet alles Volk und sagte: Amen!" (Dtn 27,10–26) Im Gottesdienst sprach der Vorbeter den Gebetstext, die Anwesenden antworteten „Amen“ und traten dadurch in Sinn und Absicht des Gesprochenen ein. Auch im täglichen Leben wurde das Wort gebraucht. Wenn zum Beispiel jemand Dankbarkeit gegen Gott, oder einen guten Wunsch oder Hoffnung in der Not ausdrückte, dann sagte der Dabeistehende: „Amen, so soll es sein“. Dadurch schloß er sich dem Sprechenden an, machte sich seine Meinung zu eigen, und religiöse Gemeinschaft verwirklichte sich.

Das Wort geht dann in die Sprache des Neuen Bundes über. Wie Paulus von der Gabe des ekstatischen Redens spricht und verlangt, es müsse auch gedeutet werden, damit die Gemeinde es verstehen könne, fragt er: „Denn wenn du mit dem Geiste Lob sprichst – wie soll da einer, der als Nicht-Eingeweihter zugegen ist, zu deiner Danksagung das ‚Amen‘ sprechen, da er doch nicht weiß, was du sagst?“ (1 Kor 14,16) In der Liturgie der Kirche kehrt es immer wieder. Der Priester sagt das Gebet, und die Gläubigen antworten: „Amen, so sei es; möge es sich so erfüllen!“ Dadurch empfängt das Gebet die Bestätigung der Gemeinde; wird von ihr zu eigen genommen und damit vollendet.

Wir vernehmen das Wort aber auch aus dem Munde Jesu, und zwar in einer sehr eindringlichen, nur Ihm eigenen Weise, nämlich als eine der eigentlichen Aussage vorausgehende feierliche Verstärkung: „Amen, Ich sage euch ...“ (So zum Beispiel immer wieder in der Bergpredigt, Mt 5,18.26 u.a.) Es wird meistens mit: „wahrlich, Ich sage euch“ wiedergegeben. Manche Ausleger glauben dem Worte mehr entnehmen zu sollen, und zwar komme in ihm Jesu messianisches Bewußtsein zum Ausdruck. Das sei von der Sendung des Vaters bestimmt, die gebiete: „geh und künde“! Das Wort „Amen“ antworte darauf und spreche: „es soll geschehen". Und nun wende Er sich den Hörenden zu: „so sage Ich euch denn ..." Auch hinter diesem Amen stehe also eine Gemeinschaft, die ewige „im unzugänglichen Licht" (1 Tim 6,16), von der Johannes zu Beginn seines Evangeliums spricht: „Niemand hat Gott [den Vater] je geschaut. Der Einziggeborene, der am Herzen des Vaters ruht, Er hat Kunde gebracht." (1,18) Aus dem Einvernehmen dieses Gesendetseins künde Jesus.

Manchmal wird die Rede noch eindringlicher, wenn Er sagt: „Amen, Amen, Ich sage euch ..." (Joh 3,3.11; 10,1.7 u.a.) Hier ertönt das Wort zweimal. Es gewinnt mysterienhaft-liturgischen Charakter, und weist vielleicht auf ein Geheimnis hin, das sich einst verwirklichen soll: auf das „Amen" am Ende der Zeit, im Gericht.

Und wie nötig ist es, daß dieses gesprochen werde! Wenn wir in unser Menschenleben blicken – welches ist der letzte Charakter, den es offenbart? Der Grundgeschmack, den es uns im Munde zurückläßt? Fragwürdigkeit und Unverständlichkeit.

Sehen wir doch einmal genauer zu. Blicken wir in unseren eigenen Alltag. Wann gelingt es uns zum Beispiel, ganz zu sagen, was wir meinen? Wann wollen wir auch nur wirklich aussprechen, was wir im Sinn haben, da doch so oft hinter der ersten Absicht eine andere steht, und hinter dieser noch eine verborgenere, von denen wir gar nicht wünschen, daß sie ins Offene treten? Ist es nicht manchmal sogar so, daß wir im Grund unseres eigenen Herzens nicht mehr Bescheid wissen, weil unser Meinen sich in einer Verwirrung verschiedener Motive bewegt?

Was sich aber so in unserem eigenen Leben kundtut, zeigt sich auch um uns her, im kleineren und größeren und immer weiter ausgreifenden Umkreis; zeigt sich in der Menschengeschichte als Ganzem. Wenn wir in sie blicken – welches Gewirre von Irrtum und Mißverstehen, von Widerspruch und Lüge! Wissen wir, was im eigenen Volke vor sich geht? Gar welchen Weg das Menschenschicksal durch die Zeiten nimmt? Dürfen wir sagen, in der Flut seines Geschehens verwirkliche sich der Sinn des menschlichen Daseins? Wird nicht jede Klarheit wieder verdunkelt? Begonnenes zum Stillstand gebracht? Werdendes abgebrochen? Wann geschieht, was doch alles Lebens Verlangen ist, nämlich Vollendung?

Das alles ist nicht pessimistisch gesagt, und noch weniger will es dem Menschen Unrecht tun. In ihm sind edelste Kräfte: die Möglichkeit der Begegnung, die Fähigkeit zu erkennen und zu gestalten, die Beziehung zum Gültigen und Guten. Die Geschichte ist ein rastlos fortgehendes Suchen, Fragen und Sagen, Ringen und Leisten. Aber das ist nur die eine Seite der Wirklichkeit; wie wenig es das Ganze bildet, zeigt sich jedem, der sie nicht von irgendeinem Optimismus der guten Natur, oder des Fortschritts zum Immer-Besseren her betrachtet. Daß der Wille zum Echten, Wahren, Guten immerfort vom Trügenden und Zerstörenden durchkreuzt wird, macht ja unser Dasein so unbegreiflich. Daher steigt aus ihm das elementare Verlangen auf: Möge doch einmal Wahrheit werden, volle Wahrheit.

Es ist das Verlangen nach dem Gericht. Wir kennen das Wort jenes Historikers: „Die Weltgeschichte ist das Weltgericht". Das Wort ist falsch. Ja es ist töricht. Ein Mann, der wußte, was Menschengeschichte ist, hätte so nie sprechen dürfen. Aber er hat es eben nicht gewußt, trotz alledem, was er an Tatsachen und Zusammenhängen gefunden hatte. Wäre die Geschichte wirklich „Gericht", dann müßte in ihr die Wahrheit deutlich werden, Wahrheit und Gerechtigkeit. Die guten Absichten müßten siegen, und zwar offenkundig. Das Unrecht müßte eine Sühne finden, und Alle müßten es sehen. Geschieht das? Hin und wieder einmal, so daß man um so bitterer fühlt, wie wenig es für die Regel geschieht. Wenn aber das im Unrecht Getane wirklich untergeht, wer leidet die Sühne? Sind es jene, die es urgehoben haben? Hie und da einmal; meistens sind es die gerade Lebenden, die nichts dazu können. Ebenso wie meistens nicht jene die Frucht ernten, welche die Arbeit geleistet und das Opfer gebracht haben, sondern die Erben, die sie dann noch oft genug mißbrauchen.

Allerdings, in einem bestimmten, aber furchtbaren Sinne könnte die Weltgeschichte das Weltgericht sein – so nämlich, daß das immerfort geschehende Unrecht sich in beständiger Zerstörung auswirkte, und schließlich das ganze Dasein in einem allvernichtenden Ende unterginge. Der Pessimismus der germanischen Mythologie hat so gedacht; dann wohl aus dem „Weltbrand" wieder einen neuen Beginn hervorgehen lassen, aber nur, damit dieser in einem abermals neuen Schrecken versinke, und so fort in endloser Wiederkehr. Doch das ist Heidentum; im Trotz verzweifelter Tragik sich selbst behauptend. Auch hat der Historiker, von dem wir sprechen, es nicht in diesem Sinne gemeint; sondern er war des idealistischen Glaubens, die Geschichte sei so gebaut, daß in ihr das Gute zu seinem Recht und das Unrecht zu seiner Sühne kommen müsse. Das ist aber einfach nicht wahr, sondern die Logik im geschichtlichen Geschehen, die Wechselbeziehung von Gesinnung und Sein, Wert und Wirklichkeit sind, am sittlichen Maßstab beurteilt, bis in den Grund verwirrt.

Vollends unwahr ist jene Steigerung des Gedankens, die sich in der Neuzeit herausgebildet hat und heute die herrschende Anschauung der technisierten Welt ist: die Geschichte gehe in einem beständigen und allgemeinen Fortschritt auf das Immer-Bessere zu; eine Anschauung, die dem Altertum wie dem Mittelalter fremd war. Sie entspringt dem Selbstgefühl des neuzeitlichen Menschen, das die christliche Botschaft von der Erlösung und endlichen Vollendung ins Weltliche verkehrt. Man muß blind sein, um so zu denken, blind für die Wirklichkeit des Menschen – was unsere Zeit ja auch tatsächlich ist.

Nein, jene Richtigstellung aller Dinge, nach der wir verlangen, muß sich von anderswoher vollziehen. Nur jene Wahrheitskraft, welche der Welt ihr Wesen gegeben, und die Schaffensmacht, die sie ins Sein gestellt hat, kann sie bringen. Ihr Licht muß das menschliche Tun durchhellen, vom Einzelnen bis zum All-Zusammenhang; muß das Spiel der Absichten, das Geflecht der Wirkungen, die Abgründe der Möglichkeiten offen legen und Wahrheit stiften. Und so wird es auch geschehen. Christus hat es verkündet.

Er, der das Recht des messianischen „Amen“ hatte, wird am Ende der Zeiten auch das des Gerichts sprechen. Er wird alles, die Einzelnen, die Gruppen und das Ganze der Menschheit, ihre Gesinnungen und Taten und deren Folgen vor seinen Richterstuhl fordern, und Jedem sein Recht geben. Aber welch ein Tun! Ein Gotteswerk; das letzte der drei, vor denen unser Denken und Ermessen versagt: Schöpfung, Erlösung, Gericht.

Stellen wir uns vor, wir müßten einem einzigen Menschen Gerechtigkeit schaffen; wirkliche, die ihn ganz, aus seinem Innersten heraus in die Wahrheit brächte; das Dasein offenbarte, wie es sich um ihn sammelt, sich aus ihm aufbaut – wir würden verzagen. Schon das vermag nur Gott; aber nun allen Menschen! Ihnen ihr Recht zu geben, so, daß jeder wüßte: jetzt ist es richtig – das ist so groß, wie die Erschaffung der Welt.

Wie müßten wir uns wohl die einfachhin größte, durchdringendste Macht denken? So, daß die Wahrheit selbst zur Macht würde. Daß sie, die allem seinen Sinn gibt, aber immerfort verdeckt, verleugnet, entstellt wird, sich erhöbe und so viel stark würde, als sie wahr ist. Übergewaltig wäre das, überherrlich! Es wäre „Sieg“, Sieg einfachhin! Eine Reinigung würde sich vollziehen, ein Rechtwerden bis in den letzten Grund. Das Dasein würde vom Schein frei werden. Die Schmach, welche Unwahrheit und Unrecht immerfort auf es legen, würde von ihm genommen. Seine Ehre würde ihm wiedergegeben ... Ebendas wird aber geschehen.

Christus wird die tödlich verwirrte und verlogene Menschenwelt wieder in die Wahrheit stellen; in seine Wahrheit, die ewige. Wenn Er erscheint, wird Er sie zur Macht machen, und sie wird Gericht wirken. So viel wird Menschliches vergehen, als es vor Ihm unwahr ist. So viel wird es sein, als es vor seiner Wahrheit zu sein verdient.

In dieser Weise gesagt, klingt es aber noch ganz philosophisch. „Die Wahrheit“ erscheint als eine Art geistiges Weitgesetz – was sie ja in einem sehr hohen Sinne auch tatsächlich ist: Grundgesetz jener Schöpfung, die der Vater im ewigen Logos vollbracht hat (Joh 1,3). Vor allem ist sie aber Gottes lebendige Macht. Das ist ja das Ungeheure in Ihm, daß alles, was wir als Wert und Norm und Sinn mühsam herausdenken, in Ihm persönliche Wirklichkeit, ewiges Leben ist. „Die Wahrheit", das ist Er, weil sein Wesen ganz Wirklichkeit, seine Gesinnung ganz und ewig Tat, sein Sein reine Innerlichkeit ist. Von sich selbst hat Jesus gesagt: „Ich bin der Weg, die Wahrheit und das Leben" (Joh 14,6). Er spricht die Wahrheit nicht nur, sondern „ist" sie. Ist die ewige Wahrheitsmacht, „in welcher alles geschaffen worden, was geschaffen ist" (Joh 1,3). So ist der Akt des Gerichts, der offenbar macht, was im Menschen Wahrheit und was Lüge ist, was gut und was böse, Sein lebendiger Blick, Sein personales Wort.

Und diese, Blick wie Wort, beurteilen nicht bloß, was ist, so wie ein irdischer Richter den Tatbestand feststellt und aus dem Gesetz heraus Verantwortung und Strafe bestimmt, sondern sie sind schöpferisch. Gott schafft den Menschen in dessen ewiges Dasein hinein. Das Gericht vollendet die erste Schöpfung, aus dem heraus, was „dazwischen", in der Zeit, im irdischen Leben des Einzelnen und der Geschichte, geschehen ist.

Es wird auch, so dürfen wir wohl hoffen, den Menschen aus jener Wesenswahrheit heraus vollenden, die der Schöpfer ihm zugedacht hat, als Er ihn schuf, und die er nicht verwirklichen konnte, weil Verwirrung und Bedrängnis des Daseins es ihm unmöglich gemacht haben. Gott wird ihn in die Freiheit des Seins und die Fülle des Lebens rufen, die ihm auf Erden versagt gewesen ist. An alles Unterdrückte und Betrogene, Verkümmerte und Verdorbene wird der Ruf ergehen, der nichts vergißt, nichts verfehlt, alles vermag. Gott wird sagen: Komm, und aus der Macht Meiner Gnade werde der, zu dem die Verwirrung der Welt dich nicht hat werden lassen. Ist das der letzte Sinn der Verheißung: „Gott wird abtrocknen alle Tränen von ihren Augen" (Offb 7,17)?

Aber auch so ist das, was Christi Botschaft vom Gericht verkündet, noch nicht voll – ja noch gar nicht in seinem eigentlichen Sinn erfaßt. Der wird erst deutlich, wenn wir hören, was Paulus uns sagt. Sein Brief an die Römer spricht von der Verlorenheit, in welche die Untreue der ersten Menschen unser ganzes Geschlecht gestürzt hat, weil in ihnen, als den Ahnen, alle Folgenden beschlossen waren – eine Vorstellung, die uns fremd geworden ist, denn wir Rationalisten wissen von den tiefen Dingen des Daseins nichts mehr. Aus jener Schuld führte kein Weg zum heiligen Gott zurück; Er selbst mußte ihn bahnen und hat es in der Menschwerdung des ewigen Sohnes getan. Der hat die Sünde gesühnt und uns – seine Geschwister – in die neue Gemeinschaft mit seinem Vater geführt. Das alles aber ist reine Gnade; aus ihr lebt der erlöste Mensch. Er ist in Christi Gehorsam und Liebe hineingenommen; Christi Gerechtigkeit ist ihm zu eigen gegeben. So wird man wohl sagen müssen, das eigentliche Gericht, das die Ewigkeit entscheidet, ergehe darüber, ob der Mensch die Botschaft aufgenommen, ob er an den Erlöser geglaubt und aus dem Glauben gelebt und in welcher Weise er das getan hat. Das ist die neue Wahrheit, die im Gericht offenbar wird – doch in ihr ist der ganze Mensch, mit seinen Anlagen, seinen

Möglichkeiten, seinen Lebensverhältnissen, und Gott allein sieht ihn.

Wie aber, wenn der Mensch Christus nicht erkennen konnte, da er von Ihm gar nichts, oder nur Mißverstandenes und Entstelltes gehört hat? In der großen Gerichtsrede heißt es: „Alsdann wird der König zu denen zu seiner Rechten sagen: Kommt, ihr Gesegneten meines Vaters, und nehmet das Reich in Besitz, das euch seit Grundlegung der Welt bereitet ist. Denn Ich hungerte, und ihr habt Mir zu essen gegeben; Ich dürstete, und ihr habt Mich getränkt; Ich war ein Fremdling, und ihr habt Mich aufgenommen; Ich war nackt, und ihr habt Mich bekleidet; Ich war krank, und ihr habt Mich besucht; war im Gefängnis, und ihr seid zu Mir gekommen. Dann werden Ihm die Gerechten entgegnen: Herr, wann haben wir Dich hungern gesehen und Dich gespeist, oder dürsten und Dich getränkt? Wann haben wir Dich als Fremdling gesehen und Dich beherbergt? Oder nackt und Dich bekleidet? Wann aber haben wir Dich krank gesehen oder im Gefängnis und sind zu Dir gekommen? Und der König wird ihnen antworten: Wahrlich, Ich sage euch: Was immer ihr einem dieser Geringsten unter meinen Brüdern getan habt, das habt ihr Mir getan.“ (Mt 25,34–40) Hier ist etwas gesagt, was über den nächsten Sinn der Worte weit hinausgeht. Nachdem der Sohn Gottes Mensch geworden, ist Er der Herr des Heils. Jede Gestalt des Guten vertritt Ihn für den, der nicht vor Ihn selbst gelangen kann, und in dem Maße, als ihm das nicht möglich ist. Der Allwissende sieht, in welcher Weise der Mensch sich dem Ruf des Guten gegenüber verhalten hat, so wie dieser aus den Gegebenheiten seines Daseins heraus an ihn erging: darin erkennt der Richter die Erlösungswahrheit dieses Menschen und gibt ihm Anteil an Seiner Gerechtigkeit.

Die Verwirklichung des Glaubens, die Aufnahme in die Gerechtigkeit des Erlösers vollzieht sich in allem, was jeweils unser Leben ausmacht: den Beziehungen zu den anderen Menschen, den Aufgaben des Berufes, dem Verhältnis zu den Dingen und Geschehnissen der Welt. Das alles bildet, wenn man so sagen darf, den Stoff, in welchem die Heiligkeit Christi sich dem Menschen zu eigen gibt. So ist es auch die irdische Wahrheit des Menschen – jedes Menschen in seiner Einmaligkeit – in welche hinein das Gericht seine ewige Wahrheit bestimmt und offenbart. Das wird das letzte „Amen“ sein. Der Richter wird es jedem Menschen zusprechen, jedem Werk, jedem Wort, jeder Gesinnung und ihnen dadurch seine Wahrheit geben für die Ewigkeit. Wahrlich ein Gedanke, der das Herz erbeben macht in Furcht und in Hoffnung.

Am Ende der Heiligen Schrift, am Schluß der Apokalypse, erhebt sich der Ruf des Erlösungsverlangens: „Komm, Herr Jesus!“ Ja, komm, o Herr, und sprich Dein „Amen“, daß es uns in die Wahrheit führe!

II
Die Ewigkeit

Das Amen zur Geschichte ist das Gericht. Das Gericht setzt der Zeit ihr Ende. Mehr als das: es vollendet die Zeit; macht offenbar, was in ihr geschehen ist und bestimmt dessen Sinn. Die Erfüllung der Zeit ist die Ewigkeit; die Definition aber, welche das Gericht vollzieht – das „Urteil“ – bestimmt die

Ewigkeit, die Gott dem Einzelnen wie der Gesamtheit aus ihrem irdischen Leben erwachsen läßt. Letzteres zu sehen, ist wichtig, denn man könnte der Meinung sein, die Erdenzeit sei doch zu kurz – was hätten davor die Unterschiede von Tagen und Jahren und Jahrhunderten, was die von Groß und Klein, Freude und Leid, Edel und Niedrig, Gut und Böse zu bedeuten? Alles müsse doch in die Ewigkeit aufgehen, wie Regentropfen und Bäche und Ströme im Weltmeer! So zu denken, wäre Menschen-, nicht Gottesart. „Ewigkeit" ist jeweils aufs genaueste die des Einzelnen – ebenso wie sie die des Gesamts in dessen verschiedenen Stufen und geschichtlichen Verwirklichungen ist.

Bevor wir aber Tieferes von der Ewigkeit zu verstehen suchen – sagen wir richtiger: bevor wir tiefer zu verstehen suchen, was Gott uns über sie kundgetan hat – wollen wir einen Einwand zu Wort kommen lassen, der sich immer wieder aus dem täglichen Bewußtsein erhebt. Er bezieht sich auf die schlimme Ewigkeit; auf das Schicksal also, das dem Schuldigen erwächst, und fragt: Wie kann Gott, von dem uns gesagt ist, Er sei barmherzig, eine nie endende Heillosigkeit über den Menschen verhängen? Allgemeiner gefaßt: Wie kann aus dem Leben des Menschen, das doch endlich und vergänglich ist, ewiges Unheil erwachsen?

Wir wollen aber auch gleich auf die Weise aufmerksam werden, in welcher die Frage meistens gestellt wird; auf die List, die der Fragende – wohl ohne es zu merken – dabei anwendet. Er richtet sie nämlich auf die böse Ewigkeit aus: wie der gütige Gott ewiges Unheil über das schwache Menschenwesen verhängen; wie endgültige Verlorenheit aus einer Existenz hervorgehen könne, die doch in jedem Betracht eingeschränkt oder unzulänglich sei? Dadurch wird alles von vornherein mit einem Affekt belastet, der einer ruhigen Erwägung Eintrag tut. Richtig gestellt, müßte die Frage lauten: Wie kann überhaupt aus Zeitlichem Ewiges, aus Begrenztem schlechthin Endgültiges hervorgehen?

Zunächst müssen wir daran erinnern, daß man viel zu leicht von der Verdammnis redet; viel zu leicht sagt, das und das sei „schwere Sünde", woraus dann für den Menschen, wenn er nicht Buße tue, ewiges Unheil folgen müsse. Denn was solche Verdammnis auf sich zieht, kann doch in Wahrheit nur ein Verhalten sein, in welchem der Mensch mit dem Kern seiner Person steht. Die Tat, die sich wider den Willen Gottes gestellt hat, muß in wirklichem Ernst geschehen sein, soll sie dieses Gewicht haben. Der Mensch, der diesen Willen mißachtet hat und nur seinen eigenen Antrieben gefolgt ist, muß klar gewußt haben, daß er vom Eigentlichen weglebte. So kann sich das Urteil, durch das der Gott der Wahrheit und Gerechtigkeit ein Menschenleben daraufhin bestimmt, er widerspreche Seinem Willen und sei des Heils verlustig, nur auf die Grundgesinnung dieses Lebens beziehen ... Trotzdem besteht der Einwand, von welchem die Rede war, auch jetzt noch weiter, denn das Verhalten eines Menschen, durch das er sich wider Gott stellt, oder von Ihm wegsieht, mag noch so bewußt, noch so entschieden sein, immer ist es ein endliches Tun. Kann das ein ewiges Unheil begründen?

Wenn wir aber dem Rechnung tragen, was über die List der Frage gesagt wurde, dann darf der Einwand sich nicht nur auf die Verlorenheit, sondern er muß sich auch auf die Erfüllung beziehen. Nicht nur ewiges Unheil steht außer Vergleich zu menschlich-schwachem Unrecht, sondern ebenso ewiges Heil zur Beschränktheit alles dessen, was auf Erden „gut“ heißen kann. Der Wille zum Rechten kann noch so ernst sein; er kann Leben und Wesen eines Menschen noch so tief durchdringen und umwandeln, immer steht er im Unverhältnis zu einer ewigen Erfüllung.

Wenn also Glücksverlangen und Gerechtigkeitssinn des Menschen sich gegen die Lehre von einem ewigen Unheil auflehnen, das aus endlich-bösem Leben erwachsen soll, dann muß das Gefühl für Gerechtigkeit und sittliche Ehre sich ebenso dagegen verwahren, auf einem stets unzulänglich-irdischen Gesinntsein und Handeln solle eine ewige Erfüllung gründen.

Gegen diesen Einwand erhebt sich nun ein gewichtiger Widerspruch. Er geht von der Souveränität Gottes aus und sagt, es stehe dem Menschen nicht zu, nach der Gerechtigkeit Seiner Urteile zu fragen, So wie Gott entscheide, sei es recht; ja diese Entscheidung schaffe überhaupt erst das Recht. Der Einspruch ist ernst und findet an manchen Sätzen der Schrift starken Rückhalt. Dahin gehört zum Beispiel das Gespräch Gottes mit Moses nach dem Strafgericht über den Götzendienst des Volkes vor dem goldenen Stier am Sinai. Moses bittet da den Herrn um die Vergewisserung Seiner Gnade, und er erhält die Antwort: „Ich bin gnädig, wem Ich gnädig bin, und erbarme mich dessen, weß Ich mich erbarme.“ (Ex 33,12ff) Dieses Wort nimmt Paulus in seinem Brief an die Römer wieder auf und fährt fort: „Du wirst mir nun sagen: ‚Was tadelt Er dann noch? Denn wer widersteht seinem Willen?‘ O Mensch, wer bist du denn überhaupt, daß du mit Gott rechten willst? Will etwa das Gebild zu seinem Bildner sagen: ‚Warum hast Du mich so gemacht?' Oder hat der Töpfer nicht Macht über den Ton, um aus dem gleichen Stoff dieses zu einem Gefäß für würdigen Gebrauch, jenes zu einem unwürdigen zu machen?" (9,18–21)

Man darf aber eine einzelne Aussage der Schrift nie aus dem Ganzen herausnehmen, sondern jede gehört mit den anderen zusammen, und alle bestimmen einander wechselseitig. Die Offenbarung redet nicht wie ein Lehrbuch; sondern aus dem Geheimnis von Gottes Herwendung kommt bald dieses, bald jenes Wort, wie Er es in die jeweilige Situation sprechen will. So muß jedes ins Ganze hinein verstanden werden, sonst wird es falsch, und das Ergebnis ist Häresie, „Herausnahme" eines Elements aus dem Zusammenhang der göttlichen Wahrheit. Die Worte des Exodus wie des Römerbriefes bringen uns die Undurchdringlichkeit von Gottes Ratschluß zu Bewußtsein. Neben ihnen stehen aber andere, vor allem die Rede Christi, die als Grundbild für jenen Gottesakt, der die Ewigkeit des Menschen bestimmt, das eines Gerichtes aufstellt (Mt 25,31ff), und die Aufgabe des Gerichtes ist nun einmal die, Gerechtigkeit zu schaffen. Göttliche Gerechtigkeit, gewiß, die als solche über unsere Maße hinausgeht, so müssen wir uns vor ihrem Geheimnis bescheiden. Aber wenn uns denn schon gesagt wird, „Gerechtigkeit" solle gestiftet werden, dann darf uns angesichts des Vorgangs nicht das Gefühl überkommen, das Gegenteil sei wahr. Was sollte „Offenbarung" sonst bedeuten?

Die alte Theologie hat den Grund, aus dem unserem menschlichen Tun solches Gewicht kommt, darin gesehen, daß es sich auf die Hoheit des heiligen Gottes bezieht, und die ist unendlich – wozu dann noch ergänzend der Gedanke tritt, daß der Mensch, der da handelt, des gleichen Gottes Ebenbild ist und dadurch eine über seine natürliche Begrenztheit hinausgehende Würde empfängt. Entscheidend ist jedenfalls Gottes Wort, und das sagt uns, Er nehme den Menschen so ernst, daß Er ihn unter diese ebenso furchterregenden wie gnadenvollen Maßstäbe stellt. Von ihnen her haben wir unser Dasein zu verstehen.

Doch müssen wir tiefer dringen. Was die Offenbarung unter der Ewigkeit – der seligen, wie der unseligen – versteht, bildet keine einfache Folge des irdischen Daseins. Wohl besteht da ein Zusammenhang. Denn wenn der Mensch im Tode nicht ganz stirbt; wenn etwas von ihm, und zwar sein Entscheidendes, die personale Seele und der in ihr gesammelte Sinn des irdischen Lebens, weiterbesteht; wenn durch sie der Mensch in eine nicht mehr den Schranken von Erde und Zeit verhaftete Existenz eintreten soll, dann muß diese einen Bezug zum einst gelebten irdischen Dasein haben. Sie muß, in einem Sinne, der dem sittlichen Charakter des Menschen entspricht, „Frucht" des Lebens sein, das sich in der Zeit, in der Möglichkeit des Wählens und Sich-Entscheidens, des Strebens und Werdens vollzogen hat. Das Bewußtsein davon findet sich in allen Religionen und tiefer begründeten Weisheiten der Geschichte. Die Art, wie die Beziehung gedacht wird, mag oft phantastisch, ja ungeistig sein – immer wieder dringt die Überzeugung durch, in der Zeit entscheide sich etwas, das einfachhin, und das heißt „ewig" gilt. Darin wird sich aber etwas Neues offenbaren.

Der Richter des letzten Gerichts sagt: „Dem gemäß, wie ihr einem dieser meiner geringsten Brüder getan habt, habt ihr Mir getan.“ (Mt 25,40) Damit tritt in das irdisch-menschliche Tun etwas ein, das nicht mehr aus ihm selbst, sondern aus dem Gnadengeschehen der Erlösung erwächst, nämlich die Beziehung zum Sohn Gottes, welcher Mensch und darin unser aller Bruder geworden ist. Unser irdisch-endliches Dasein hat dadurch einen Sinn erhalten, der über alles Nur-Menschliche hinausgeht. Wohl bleibt es endlich; sein Tun ist geschichtliche Entscheidung jeweils dieses Menschen, zu dieser Zeit und unter diesen Umständen vollzogen, aber es empfängt einen aus Gottes Selbstschenkung stammenden neuen Rang.

Vielleicht darf man sagen, in jedem Menschenleben entscheide sich der Sinn der Inkarnation neu, sofern es in jedem Menschen das Kommen und Leben und Sterben Christi ist, das sich erfüllt oder vergeblich bleibt. Dann würde, im Letzten, das Gericht nicht über den bloßen Menschen und dessen sittlichen Charakter, sondern über ihn als den „personalen Ort“ ergehen, in welchem die Gottestat der Erlösung jeweils zu ihrem Ende gelangt. Glaubend sieht der Christ sich in einem Zusammenhang, der über bloß Menschlich-Zeithaftes hinausreicht – jenem ungeheuren Geschehen, das zuerst durch die Schöpfung und das sie tragende Liebeswagnis Gottes, dann durch seinen in der Menschwerdung verwirklichten Erlösungswillen bestimmt ist. Deswegen kann die Frage nach dem ewigen Dasein nicht auf Grund natürlicher Gerechtigkeitsanschauungen entschieden werden. Alles Denken muß aus jenem Zusammenhang heraus geschehen, sonst bleibt es hinter dem Ernst der Frage zurück.

Jedenfalls aber hat – und das muß unsere letzte Einsicht sein – Gottes Urteil über die Ewigkeit den Charakter der Gnade. Die Bilder, welche vor allem die gute Ewigkeit bezeichnen – also zum Beispiel das des Hochzeitmahles im Hause Gottes, zu welchem der Mensch geladen wird; oder der himmlischen Stadt, in der alles Irdische eine über jede zeitliche Möglichkeit hinausgehende Vollendung findet; oder der Brautschaft zwischen der erlösten Welt und dem Lamm, mit deren Verkündung die Apokalypse endet – sie alle sagen, daß die Ewigkeit keine einfache Konsequenz der Erde ist, über die der Mensch nach einem unmittelbaren Entsprechungsgefühl urteilen dürfte, sondern das letzte Werk der Freiheit Gottes; jenes Gottes aber, von dem uns geoffenbart ist, daß Er uns liebt.

So darf der Glaubende nicht mehr fragen: Wozu bin ich verpflichtet? was verdiene ich, wenn ich das und das tue? ist das in Aussicht gestellte Urteil gerecht? – sondern er soll mit dem Gericht als dem letzten, alle Begriffe übersteigenden Geschehnis der heiligen Geschichte ins Einvernehmen treten und bereit sein, für seinen kleinen Teil dessen Verwirklichung mitzutragen. Er soll die Armseligkeit wegtun, die aus rechnendem Sinn, oder juridischem Anspruch, oder einer Bitterkeit gegen das Dasein hervorgeht, und in die Freiheit des Glaubens eintreten, die Gott nur Gutes, nein das Gute einfachhin zutraut, vor jeder Einzelfrage überzeugt, daß das, was Er tut, nicht nur richtig, sondern schenkende Gnade ist.

Eine entsprechende Mahnung richtet sich aber auch an jene, die über Himmel und Hölle, Heil und Verdammnis zu sprechen haben: sie sollen es in einer Weise tun, die aus dem Glauben an Gottes Größe und dem Vertrauen auf seine Liebe kommt. Jedes Sprechen über die Ewigkeit, die aus naturhaftem Rechtswillen, gar aus Rache- oder Angstgefühlen hervorgeht, beleidigt Ihn.

Was ist nun Ewigkeit? Wenn wir so fragen, sind wir zwar noch erst in der Philosophie; aber wir wollen nicht ausweichen – was ist sie also? Auf jeden Fall keine Verlängerung der Zeit, und wäre sie noch so groß; kein Immer-Weiter. Denn das würde gerade die höchste Steigerung der Zeithaftigkeit bedeuten; die Qual des Nicht-Aufhörens dessen, was doch seinem Wesen nach aufhören muß. Ewigkeit ist Nicht-Zeit; doch nicht deren bloße Verneinung, sondern ihre Überwindung im Rein-Positiven.

Die Wissenschaft hat uns gelehrt, daß die Zeit kein Strombett ist, in welchem das irdische Geschehen dahinfließt, sondern dieses Geschehen selbst; die Weise, wie es geschieht. Da aber alles Sein ein Geschehen, bedeutet „Zeit" die Weise, wie endliches Sein seiend ist. Der spätantike Philosoph Boëthius hat eine berühmt gewordene Bestimmung der Ewigkeit gegeben, die lautet: „Ewigkeit ist der gleichzeitig-volle und allerschöpfende Besitz eines nicht endenden Lebens". Sie sagt also, man könne die Ewigkeit nur am Seienden, und zwar am Leben bestimmen: daher Ewigkeit als die Weise, wie vollkommenes Leben wirklich ist.

Die christliche Offenbarung von der Ewigkeit enthält dieses philosophische Moment, nimmt es aber in einen neuen Zusammenhang auf und sagt: Ewigkeit ist die Weise, wie Gott lebt. Dieses sein Leben ist das dreieinige; davon kommt uns ein Hauch im Johannesevangelium, wo gesagt wird, „der Sohn" sei „am Herzen des Vaters" (1,18). Und die jeden Begriff übersteigende Innigkeit, das Beim-Vater-Sein des Sohnes, und Beim-Sohn-Sein des Vaters, sei der Heilige Geist, die heilig-schöpferische Fruchtbarkeit, die unendliche Nähe und Stille. Die Worte sagen nicht viel; sie sprechen ja vom Geheimnis einfachhin. Aber sie sagen doch wohl genug, daß wir ahnen können, hier stehen wir vor dem „Ersten und Letzten". Dieses Schenken und Empfangen, diese Nähe und Stille – das erst ist die Ewigkeit.

Und wie ist es mit jener, die dem Menschen verheißen ist? Sie wird in Bildern ausgedrückt. Das Urteil des Richters über die zu seiner Rechten ist schon ein solches Bild und lautet: „Nehmet in Besitz das Reich, das euch bereitet ist von Anbeginn der Welt" (Mt 25,34); „das Reich" aber ist die Fülle der Erlösungsgnade ... Von anderen war schon die Rede. So von dem des himmlischen Jerusalem. Die irdische Stadt war für die Antike der Inbegriff des Lebensreichtums, der Ordnung und Schönheit; die himmlische vollends ist aus Edelsteinen gebaut, durchströmt vom Licht Gottes und in Seine Gegenwart eingetaucht (Offb 21,9 bis 22,5). Ihr Bild wandelt sich in das der Braut, die im Schmuck des höchsten Festes ihrem Bräutigam entgegengeht und sagt, einst werde alles Geschaffene sich in Liebe und Schönheit wandeln und der letzten Erfüllung teilhaftig werden (ebda. 21,2.9) ... Im Gleichnis von den Talenten spricht der Herr zum treuen Knecht: „Geh ein in die Freude deines Herrn." (Mt 25,21) Danach ist die Ewigkeit die Freude, in welcher vollendetes Dasein sich selbst erlebt ... Andere Bilder finden sich in den Sieben Sendschreiben der Apokalypse. Da wird von der seligen Ewigkeit gesagt, sie sei Frucht vom Baum des Lebens (Offb 2,7); sei Krone des Lebens (2,10), verborgenes Manna und neuer Name (2,17), Macht über

Gottes Feinde und leuchtender Morgenstern (2,26.28), reines Kleid und Nennung im Lebensbuch (3,5), Eingebautsein im Tempel Gottes (3,12), Mahl mit dem Herrn und Sitz auf dessen Thron (3,20) – lauter Symbole der Erfüllung. Diese Bilder kommen von Gott; sein Geist hat sie im Geiste des Sehers aus dem Stoff der Schöpfung geformt. Durch sie sollen wir verstehen, worum es geht; verstehen aber nicht bloß mit dem Verstande, sondern mit dem inneren Auge, das schaut, und dem Herzen, das fühlt. Sie sagen uns: Selige Ewigkeit bedeutet, daß Gott dem Menschen an seinem eigenen Leben Anteil gibt. Wie das sein könne, weiß niemand, doch es ist so.

Und was bedeutet die böse Ewigkeit, die Verdammnis? Keinen eigenen Sinn; gar einen solchen, der polar zu dem der guten Erfüllung stünde. Keinen dunklen, aber zur Vollständigkeit des ewigen Daseins notwendigen Bereich. Das sind Phantasien, mit denen die Gnosis – die erste sowohl wie die in jedem Zeitalter sich bildende neue – mit scheinbarem Tiefsinn den Ernst der Entscheidung auflöst. Sie bedeutet vielmehr den Widerspruch zum Guten und deshalb zum Heil.

Auch davon spricht die Offenbarung in Bildern. Das Urteil der Verwerfung in der Gerichtsrede lautet: „Weichet von mir, ihr Verfluchten, ins ewige Feuer, das dem Satan und seinen Engeln bereitet ist“ (Mt 25,4); ein Ausdruck von Gottesferne und Qual. Ähnlich spricht das Gleichnis von den Talenten, wenn es sagt, der ungetreue Knecht sei „der Finsternis draußen“ verfallen, in welcher „Heulen und Zähneknirschen“ herrsche (Mt 25,30); das furchtbare „Draußen“ der Verbannung aus der Nähe Gottes und die Verzweiflung über den Verlust des Lichtes, das Leben und Heimat ist.

Die böse Ewigkeit besiegelt die Entscheidung des Menschen, der nicht durch seinen Schöpfer, sondern durch sich selbst hat bestehen; nicht im Gehorsam gegen den allein Souveränen, sondern aus eigenem Recht hat handeln wollen. Der an Gott vorbeigelebt und die Welt allein gesucht hat. Daß dieser Mensch das alles im Ernst gewollt hat, wissend, was er tat, in Freiheit und entschieden – das erfährt hier seine Offenbarung und Besiegelung.

III
Die Ewigkeit und die menschliche Schwäche

Wir müssen noch ein letztes Mal auf das „Amen" zu sprechen kommen. Es ist ja der Beschluß von Allem, so muß damit auch alles richtig sein. Gewiß versagen unsere Maßstäbe dem Geheimnis Gottes gegenüber, und wir sollen glauben und vertrauen. Wahr ist aber auch, daß dieser Gott der nämliche ist, der uns das Verlangen nach der Gerechtigkeit ins Herz gegeben hat; also dürfen wir nach ihr fragen, überall, selbst seinem Geheimnis gegenüber.

Was wir bisher erwogen haben, war das große Entweder-Oder, das uns gestellt ist: für Gott und seinen heiligen Willen, oder gegen Ihn – und daraus die beiden Weisen der Ewigkeit: die selige oder die unselige. Der Herr spricht davon in aller Klarheit, Er, der ja selbst das Urteil fällen wird. Wir sind also vergewissert, daß es so ist. Das Urteil wird aber unserer menschlichen Wirklichkeit gelten. Ist diese nun so, daß sie durch ein einfaches Entweder-Oder auf die Ewigkeit hin bestimmt werden kann? Dann müßte auch, scheint uns, das menschliche Leben in einer glatten Alternative aufgehen. Das Leben des Einen müßte von der Entscheidung für Gott beherrscht sein; das des Andern von der Ablehnung oder Nichtachtung. So ist es aber nicht, sondern unser Leben ist in die tausend Abhängigkeiten der Geschichte verflochten und steht in allen Graden der Klarheit und Verwirrung... Wie kann sich darauf ein einfaches Urteil ewiger Bejahung oder Verwerfung richten?

Hier zeigt uns die Kirche ein Zwischenfeld, dessen Annahme das Verlangen nach der Gerechtigkeit befriedigt, weil durch es die ewige Entscheidung auf den Menschen bezogen wird, wie er ist, und auf das Leben, wie er es wirklich führt. Sie tut es durch die Lehre, daß mit dem Tode die „Zeit", der Inbegriff der Geschehnisse und Übergänge, noch nicht ganz zu Ende geht. Das wird erst nach dem Weltgericht der Fall sein; bis dahin aber geht das Geschehen des Menschenlebens noch weiter, und zwar in dem, was der volkstümliche Ausdruck „das Fegfeuer", ein besser zutreffender „die Läuterung" nennt.

Über diese wollen wir nun nachdenken. Der Blick auf sie soll das Letzte sein, was wir aus diesen Betrachtungen mitnehmen: als Erkenntnis der Weise, wie Gottes Gerechtigkeit unsere Verwirrung in die Klarheit führt.

Wir haben von der Entscheidung gesprochen, die sich im Leben jedes Menschen vollziehen soll: für Gottes Willen oder gegen ihn. Dieser Wille ist das Gute; es drängt an sein Gewissen und weckt das Bewußtsein, verpflichtet zu sein. Das Gute an sich ist ja unendlich reich; es geht über den begrenzten Menschen hinaus. Gott bestimmt es aber auf dessen Möglichkeiten hin; durch seine Gebote wie auch durch alles das, was im Leben des Angerufenen geschieht.

Von Mal zu Mal treffen wir nämlich auf Dinge, treten uns Menschen entgegen, werden Antriebe und Hindernisse fühlbar. Diese Mannigfaltigkeit fügt sich zum Bilde; wir nennen es die jeweilige Situation. Danach, wie sie ist, und aus dem Zusammenhang, in dem sie steht; aus dem Licht, das vom ausdrücklichen Gottesgebot, aber auch von der Erfahrung der Menschen her auf sie fällt, wird deutlich, was Sein Wille jeweils verlangt, und wie sich darin der Lebenssinn des Einzelnen erfüllen soll. Denn Gottes Wille ist das Gute; der Mensch soll es tun, weil es gut, weil es Gottes Wille, weil die Verwirklichung Seines Willens das Reich ist. Indem er so tut, macht er es aber auch im eigenen Dasein wirklich. Wer das Gute tut, wird selbst gut, und darin wahr und heil.

Dieses Gut-Werden ist so vielschichtig wie der Mensch selbst. Das Innerste davon ist die Gesinnung: die Stellungnahme der Person und ihrer Freiheit, die Weise, wie der Mensch „es meint". Darin entscheidet sich alles. Aber schon dieses Meinen hat mancherlei Grade der Lauterkeit und Kraft; vom Hin und Her des Schwankens über unbewußte Vorbehalte bis zur vollkommenen Entschiedenheit. Schon hier erhebt sich also die Frage, wie es denn mit der Gesinnung des Menschen stehe – dieses Menschen und in der Stunde, da er vor Gott tritt.

Das sittliche Sein beschränkt sich jedoch nicht auf die Gesinnung. Die Ethik der Neuzeit hat alle Bedeutung in sie gelegt und das Sittliche ausschließlich als Sache des Inneren Meinens angesehen. So ist es aber nicht. Altertum wie Mittelalter haben gewußt, daß der sittliche Charakter den ganzen

Menschen bestimmt. Sie haben gewußt, die Gesinntheit soll ins Tun übergehen und damit die Wirklichkeit erfassen. Das gelegentliche Tun soll zur festen Haltung, zur Tugend werden. Diese soll immer tiefer greifen und den ganzen Menschen durchwirken, bis das Gute, über Tun und Tugend, zu lebendigem Sein geworden ist. Dann erst hat sich vollendet, was sittliche Existenz bedeutet... Geschieht das aber immer? Geschieht es auch nur für die Regel? Oder bleibt nicht der Vorgang des Gutwerdens meistens in einer Zwischenform stecken? Ist es nicht schon viel, wenn nur die Gesinnung wirklich rein, gar zu einigermaßen klarer und zuverlässiger Haltung wird? Wer darf sagen, er sei wirklich „gut geworden"?

Wenn das so ist, wie fällt dann Gott das Urteil – jenes Urteil, das jeden Menschen schon nach seinem Tode auf seine Ewigkeit hin bestimmt, wenn doch, wie Paulus uns einprägt, nichts Unrechtes „Gottes Reich ererben" (1 Kor 6,9f) kann?

Die Frage geht aber noch einmal weiter: Der Mensch soll nicht nur selbst gut werden, sondern auch aus seinem Leben Gutes machen. Von wieviel Gelegenheiten dieses Lebens aber – Begegnungen, Arbeiten, Kämpfen, Stunden der Erfüllung oder des Verzichts, der Freude oder des Leides – kann er sagen, er habe aus ihnen wirklich das Rechte gemacht? Und es ist doch so, daß jede Stunde nur einmal kommt, so daß, was sie versäumt, eine andere nicht nachholen kann, weil diese wieder ihre eigene Aufgabe hat. Wie ist es dann mit alledem, was versäumt und verloren ist?

So kommt der Mensch – jene Wunder göttlicher Gnade und menschlicher Großmut abgerechnet, die wir „Heilige" nennen – als ein Bündel von Unfertigkeit, Versäumnis und Mißlingen vor Gott: was wird aus ihm?

Hier sagt die Kirche, auf Andeutungen der Schrift – 2 Makk 12,43–46; 1 Kor 3,11–15 – im übrigen aber auf ihren lebendigen Zusammenhang mit der Quelle der Offenbarung, Christus dem Herrn und seinen Aposteln gestützt, zwischen dem ewigen Entweder-Oder von Seligkeit oder Verlorenheit gebe es ein Drittes, das noch zur Zeit gehört – sagen wir besser, in welchem die Zeit und ihr Werden ins Jenseits hinüberreicht: das ist die Läuterung.

Manche haben geglaubt, die Lehre von der Läuterung nach dem Tode ablehnen zu müssen. Niemand, der Geschichte wie Gegenwart kennt, wird denn auch leugnen, daß diese Lehre nicht selten durch Phantastik und Mißbrauch entstellt worden ist. In den Glauben an die Läuterung haben sich Vorstellungen gedrängt, die aus zweifelhaften Quellen stammen: ungute Erregungen über die Qualen der Verstorbenen; fragwürdige Techniken, wie man ihnen zu Hilfe kommen könne und so fort. Wenn man bedenkt, was alles über „die armen Seelen im Fegfeuer" gesagt worden ist, kann man wirklich versucht sein, zu erklären, man wolle von alledem nichts mehr hören.

Gewichtigeres kommt hinzu, nämlich der Gedanke, man solle das, was des Menschen ist, nicht überschätzen. Wenn er vor den heiligen Gott gelange, und der Richter nur irgendwie in ihm finde, woraufhin Er ihn „zu Seiner Rechten" (Mt 25,33) rufen könne, dann werde Gottes Heiligkeit ihn so durchmächtigen, daß alles Menschlich-Unzulängliche in der Unsagbarkeit der Gnade verschwinden müsse. Das klingt sehr gläubig, darf aber nicht auslöschen, was wir früher über die

Gerechtigkeit erwogen haben. Wenn es wahr ist, daß nichts Ungerechtes zu Gott eingehen kann, was geschieht dann mit alledem, das jeder Mensch in sich hinüberträgt?

Hier lehrt uns die Kirche: Er kann leiden, was Gottes gütige Gerechtigkeit ihm innerhalb der Sühne Christi und als Nachvollzug dieser Sühne auferlegt. Dieses Leiden wird groß sein; wir müssen es aber richtig verstehen. Aus seiner Vorstellung müssen wir alles hinaustun, was die Phantasie an Grausamkeiten und Unwürdigkeiten hineingetan hat. Der Schmerz, den die büßende Seele duldet, ist von der Erkenntnis getragen, wer Gott ist, was sein Wille bedeutet, und wie böse das ist, was sie wider Ihn gefehlt hat. Diese Reue und die aus ihr geborene Buße trägt sie in tiefem, glaubendem Einvernehmen mit dem, was Christus für die Sünde der Menschheit gelitten hat. Das ist das Erste und Entscheidende.

Ein Zweites kommt hinzu: in diesem Zustand wird das Schwankende der Gesinnung, das Unentschiedene und Unvollständige des Tuns und Seins, von welchem die Rede war, überwunden. Die Gesinnung wird immer klarer und entschiedener. Sie kann nichts mehr tun, denn die Zeit des Tuns ist vorbei; aber in ihrem liebenden Leiden geht das Gute immer vollkommener aus der Gesinnung in das Leben über. In unausweichlicher Klarheit erkennt die büßende Seele das Böse, Niedrige, Häßliche im eigenen Wesen, und die Liebe zu Gott, in jener großen Begegnung aufgeflammt, die wir das besondere Gericht nennen, brennt es aus; glüht das Gute in ihr Wesen hinein. In einem innigen Einverständnis des Menschen mit Gott geschieht das.

Aber auch das Versäumte und Verlorene wird, so dürfen wir vielleicht denken, von diesem heiligen, in allem Schmerz so seligen Vorgang aufgenommen. Natürlich kann es nicht zurückgezaubert werden, denn die Grundlage alles Heils ist die Wahrheit. Was nicht getan worden ist, ist eben nicht getan, und die versäumten Gelegenheiten, die verlorenen Tage und Jahre bleiben verloren. Aber in der Bereitschaft der leidenden Liebe wird alles in ein Neues aufgenommen; in die Reue, die kein fruchtloses Sich-Verlieren an Vergebliches, sondern ein neues Werden und Wachsen bedeutet.

Über die Läuterung im Jenseits sollen wir richtig denken. Wenn wir von der Läuterung nach dem Tode reden, reden wir von einem Geheimnis, das ebensoviel zur schaffenden Liebe Gottes wie zu seiner Gerechtigkeit gehört; ebensoviel Heiligung zu Gott hin, wie Strafe und Buße ist. Von denen, die wir „die armen Seelen“ nennen, dürfen wir also nicht armselig denken, sondern so, wie wir es von einem Menschen tun würden, der zwar Unrecht getan, es aber erkannt hat und nun in einem tiefinnerlichen Umwerden begriffen ist, das heißt, in Ehrfurcht.

Rückblick

Wir haben uns bemüht, den Inhalt der sieben Bitten des Herrengebetes so tief zu durchdringen, als es im beschränkten Raum dieser Meditationen möglich war. Dabei hat sich, Schritt um Schritt, etwas vom Zusammenhang des Glaubens vor uns entfaltet. Das ist schön und gibt dem Geist eine freudige Gewißheit – es weckt aber doch wieder jene Frage, die bereits einmal zur Sprache gekommen ist: ob durch solche Überlegungen nicht das beirrt werde, um dessentwillen Christus uns den heiligen Text gegeben hat.

Das „Vaterunser" war die Antwort auf die Bitte der Apostel: „Herr, lehre uns beten, wie Johannes seine Jünger beten gelehrt hat." (Lk 11,1ff) Nun ist Beten doch etwas Schlichtes: eine vertrauende Hinwendung zu Gott; ein inneres Sprechen, in welchem das Herz Ihm ohne viele Erwägungen sagt, worum es geht. Was wir aber in diesen Betrachtungen getrieben haben, war Theologie, ein Fragen des Verstandes nach Sinn und Inhalt der Offenbarung – beirrt solches Fragen nicht jene Einfachheit der Hinwendung und des Sprechens? Unsere Meditationen waren sich zwar immer bewußt, daß sie es mit einem Gebet zu tun hatten; die Erschließung des Inhaltes also dazu helfen müsse, es als Gebet zu vollziehen. Wie soll aber die daraus erwachsende Vielzahl der Gedanken diesem Zweck dienen? Soll der Betende sich ihrer beim Sprechen der Worte bewußt werden? Müßte dann nicht aus dem Beten ein Denken werden – ganz abgesehen davon, daß keine Bitte an ihr Ende kommen würde?

Beim Bedenken dieser Frage ist mir ein Bild gekommen: vom Licht, das so klar ist und doch, wie die Wissenschaft sagt, die Vielfalt der Farbenreihe enthält. Von dieser zu wissen, stört die Ruhe des Blicks nicht – ebensowenig, wie es die Dinge hindert, ihre Formen und Farben zu zeigen. Und ob das Gefühl von der Tiefe und Fülle des Sonnenlichtes nicht daher kommt, daß unser Auge die Mannigfaltigkeit der in ihm aufgehobenen Farben doch irgendwie empfindet? Ich weiß nicht, was Physiker und Physiologen dazu sagen. Vielleicht ist es nur eine Phantasie, jedenfalls aber eine helfende; ein Bild, das auf unsere Besorgnis antwortet.

Sobald wir uns sammeln und betend die Worte des Herrn sprechen, müssen wir es in aller Schlichtheit tun; mit nicht mehr Reflexion, als möglich ist, ohne daß sie den Fortgang zum Stocken bringt. Wenn wir aber – zu anderer Zeit – die Gedanken dieser Betrachtungen durchdenken, dann werden sie in das Beten hineinwirken und unsere Worte reicher und sicherer machen, weil wir fühlen, daß hinter ihnen die große Wahrheit der Offenbarung steht.

topos taschenbücher

Romano Guardini

Vom heiligen Zeichen

84 Seiten

Band 365

ISBN 978-3-8367-0365-9

www.topos-taschenbuecher.de

topos taschenbücher

Romano Guardini

Das Gebet des Herrn

112 Seiten

Band 366
ISBN 978-3-8367-0366-6

topos taschenbücher

Romano Guardini

Engel

Theologische Betrachtungen

96 Seiten

Band 1083
ISBN 978-3-8367-1083-1

www.topos-taschenbuecher.de

topos taschenbücher

Romano Guardini

Vom Sinn der Schwermut

112 Seiten

Band 511
ISBN 978-3-8367-0511-0

topos taschenbücher

Romano Guardini

Die Annahme seiner selbst
Den Menschen erkennt nur, wer von Gott weiß

80 Seiten

Band 490
ISBN 978-3-8367-0490-8